AF452419

*E. 928.
D.

2788

4677

THÉORIE

DU

MONDE POLITIQUE.

DE L'IMPRIMERIE DE LEVRAULT, RUE DES SS. PÈRES.

THÉORIE

DU MONDE POLITIQUE,

O U

DE LA SCIENCE DU GOUVERNEMENT,

CONSIDÉRÉE COMME SCIENCE EXACTE.

PAR Ch. HIS.

Inter utrumque tene....................
Ovid, Met., Lib. II.

PARIS,

Chez SCHOELL et C.ie, rue de Seine, n. 12.

1806.

DE CET OUVRAGE.

On croit généralement que la science du gouvernement est incertaine par son essence, et que tous les calculs de la prudence peuvent sans cesse y être dérangés par le hasard des événemens. Je pense, au contraire, qu'elle est susceptible d'exactitude, et que dans le monde politique, comme dans le monde physique, rien n'arrive que suivant des lois constantes et invariables.

Je cherche à découvrir quelles sont ces lois; et s'il m'est possible d'y parvenir, dès lors la théorie de l'ordre et du désordre des Empires sera révélée; dès lors le législateur aura une ij

base à ses conceptions, et l'historien
un guide à ses jugemens.

Par ce mot de théorie, il ne faut
point entendre une spéculation purement idéale. Il n'y a de théorie que
celle qui est appuyée sur les faits : s'ils
ne lui servent point de cortége, elle
n'est plus qu'une erreur revêtue d'un
titre usurpé.

Si donc il y a une nation dont la
longue existence ne puisse pas être
rapportée aux lois que je vais dire ; ou
bien s'il en a disparu quelqu'une, malgré l'observation de ces lois qui auraient dû la garantir, je n'aurai pas
découvert la théorie du monde politique : j'aurai fait un roman.

Comme dans une semblable ma-
tière, il ne faut point partir de fausses

données, ni établir comme des vérités non contestées celles qui pourraient former l'objet d'un doute, je suis obligé de remonter à l'origine des choses.

Au milieu des avantages que leur assurent les lois et les institutions, il est encore des hommes qui se croient dégénérés d'un état primitif qu'ils ont décoré du nom pompeux d'*état de nature*. Au sein des jouissances que leur procurent les sciences et les arts, ils semblent regretter de ne plus disputer aux animaux leur pâture ou leur proie.

Je dois donc commencer par examiner si l'homme en société, si l'homme obéissant aux lois ; en un mot, si l'homme tel que nous le connaissons iv

n'est pas dans son véritable état de nature.

Ce premier point éclairci, le lecteur saisira plus facilement la série des
conséquences qui en dérivent.

Puissé-je, en me livrant à ce travail, n'avoir pas plus consulté mon zèle
que mes forces! Puissé-je n'avoir pas
confondu les rêves de l'imagination
avec la précision de la pensée, et re-
nouvelé la fable d'Ixion, qui, croyant
embrasser la reine des Dieux, n'em-
brassait qu'un nuage !

THÉORIE

DU MONDE POLITIQUE.

LIVRE PREMIER.

De l'homme et de la société.

CHAPITRE PREMIER.

De l'état de nature.

CONSIDÉRÉE sous son rapport le plus étendu, la nature est l'ensemble des choses créées : c'est ce cercle immense dont les divers phénomènes qui constituent l'ordre du monde marquent les degrés.

Considérée sous son moindre rapport, la nature est l'essence de chaque chose créée, ce qui la constitue, ce qui la fait être telle qu'elle est.

Si le bœuf est patient, si le tigre est

féroce, si l'aimant attire le fer, c'est que telle est l'essence de ces êtres et de cette substance : en étant de la sorte, ils sont dans leur état de nature.

L'état de nature de tous les êtres et de toutes les substances réunis ou de chaque être et de chaque substance isolés, n'est donc que cet état qui dérive invariablement de leur organisation, l'état dans lequel ils sont, parce qu'ils ne sauraient être autrement.

Pour connaître l'état de nature de l'homme, il faut alors constater quel est pour lui cet état qui dérive invariablement de son organisation ; car l'état de nature de l'homme n'est pas le même que celui du lion, ni l'état de nature du lion le même que celui du cheval, du cerf, des oiseaux, des poissons, des reptiles. L'organisation de ces êtres n'étant pas semblable, l'état qui en résulte ne saurait l'être davantage.

CHAPITRE II.

L'homme en société, l'homme tel que nous le connaissons, est-il dans son état de nature ?

L'ÉTAT de nature est pour chaque être cet état dans lequel il est, parce qu'il ne saurait être autrement. L'état dans lequel on est, parce qu'on ne saurait être autrement, est celui hors duquel on ne pourrait pas remplir les conditions nécessaires à la vie. La condition la plus indispensable à la vie est, sans contredit, la possibilité de se nourrir. Je vais donc examiner si l'homme pourrait se nourrir hors de la société. Cette manière d'aborder la question ne me rendra pas suspect de vouloir la dénaturer.

Entraînés par une faculté dominante qu'on nomme *instinct*, les animaux vivent avec autant de certitude que les plantes végètent.

L'abeille s'approprie avec autant de facilité dans le calice d'une fleur les sucs nécessaires à son existence, que la fleur s'est approprié dans le sein de la terre les sucs nécessaires à son développement.

Si le lion rugit, tout ce qui l'environne est saisi d'épouvante; s'il a faim, tout ce qu'il rencontre est dévoré; et pour cela il ne fait pas plus d'efforts que l'abeille pour butiner sur une fleur.

L'homme hors de la société aurait-il un moyen aussi énergique et aussi infaillible de pourvoir à sa subsistance? L'homme a-t-il un instinct?

Si l'on veut ici saisir le point de la difficulté, il ne faut pas regarder les avantages de l'homme en société comme inhérens à sa personne dans toutes les suppositions où on voudra l'imaginer, mais faire un départ scrupuleux de ce qui lui appartient en propre d'avec ce qu'il ne tient évidemment que de la société et de ses lois.

Comme on voit l'homme en société se nourrir indistinctement d'une foule d'alimens divers, on croit pouvoir en conclure que c'est là son grand avantage sur les animaux ; que ceux-ci n'ont qu'*un* instinct, tandis qu'il les a *tous* ; et qu'ayant tous les instincts , il peut aussi bien qu'eux se passer de société et de lois.

Par cette manière de raisonner on transporte d'abord dans une position imaginaire toutes les conséquences d'une position réelle ; ce qui est extrêmement vicieux : et puis on méconnaît la source d'où découlent tous les avantages de la position réelle; ce qui est extrêmement injuste.

A l'idée d'instinct est jointe , 1.° celle d'organes assez fins pour pénétrer la qualité intime des choses ; 2.° celle d'instrumens spéciaux, pour s'en saisir toutes les fois qu'on en sent le besoin.

Sans ces attributs , quelques facultés dont on soit doué d'ailleurs , elles ne méritent pas le nom d'instinct, puisqu'elles n'en ont pas le caractère.

Si l'homme n'était pas en société, de quoi se nourrirait-il ?

D'herbes? Mais l'homme n'a pas d'organes assez fins pour pénétrer la qualité intime des choses, et rien ne le préserverait de prendre la plante vénéneuse au lieu de la plante salutaire.

D'animaux qu'il aurait vaincus, soit en agilité, soit en férocité? Mais l'homme n'a pas les instrumens spéciaux pour s'en saisir. Croyez-vous ses ongles destinés à déchirer la peau de ses victimes, et ses dents propres à broyer des ossemens? Comparez-leur l'armure des mâchoires et des pieds des bêtes carnassières; vous verrez par quels signes non équivoques est manifestée dans les diverses créatures la destination qui dérive de leur organisation respective.

Si l'homme avait un instinct nous éprouverions les mêmes attraits et les mêmes répugnances. Ce ne serait pas seulement dans la recherche des alimens que nous manifesterions l'ardeur et la ressemblance de nos goûts; ce serait encore dans nos mœurs et dans toute notre conduite. Nous serions invariablement les mêmes dans tous les temps et dans tous les lieux, dans l'avenir comme dans le passé, du levant jusqu'au couchant, du nord jusqu'au midi : l'instinct maintiendrait parmi nous une constante uniformité.

Loin qu'il en soit ainsi, il n'est pas nécessaire de fouiller bien avant dans la nuit des siècles pour trouver de la différence entre les hommes ; ils ne sont déjà plus ce qu'ils étaient il y a cent ans, ce qu'ils étaient il y a vingt ans. Il n'est pas besoin de la distance d'une mer à l'autre pour établir entre eux de grands contrastes : il suffit d'un fleuve, d'une montagne, d'une borne, et ce ne sont plus ni les mêmes lois, ni les mêmes opinions, ni le même langage.

Peut-être, rétorquant ici une de mes précédentes observations, m'accusera-t-on d'attribuer à l'homme hors de la société une débilité d'organes qui n'est telle que par l'intervention sociale, et de conclure faussement qu'il a toujours été privé d'instinct, parce qu'elle ne lui en a laissé que

des vestiges si faibles qu'il est à peine re-
connaissable.

Pour détruire cette hypothèse, il n'y a
qu'à la suivre.

Quand même il serait vrai que l'homme
eût jamais été dans un autre état que l'état
social, puisqu'il a changé cet état primitif,
la faiblesse de ses organes était donc anté-
rieure à la société. Quand même il serait
vrai que l'homme eût jamais eu un instinct,
ce ne serait pas en société qu'il l'aurait
perdu, puisque, pour qu'il lui fût possible
d'y entrer, il serait nécessaire de supposer
qu'il ne l'avait plus.

Ainsi, d'une part, si l'homme avait eu un
instinct, il lui aurait suffi pour vivre, et la
société lui aurait été inutile.

De l'autre, tel est le caractère de
l'instinct, que si l'homme en avait jamais
eu un, il lui aurait été aussi impossible de
s'y soustraire qu'au soleil de suspendre sa
lumière.

Donc, si l'homme n'a point aujourd'hui

d'instinct, c'est qu'il n'en a jamais eu , et quelques facultés dont il soit doué d'ailleurs, elles ne doivent pas porter le titre d'instinct, puisqu'elles n'ont pas le caractère qui le distingue.

L'homme n'ayant pas et n'ayant jamais eu d'instinct, n'est pas et n'a jamais été un être complet. Il faut et il a toujours fallu qu'une force étrangère intervînt pour suppléer à son insuffisance , et cette force n'est et n'a jamais été autre que celle des lois sociales.

Elles lui sont indispensables dans toutes les circonstances , même dans les plus simples, et spécialement pour qu'il lui soit possible de pourvoir au plus pressant des besoins : car si elles ne lui garantissaient pas la salubrité des mets qu'on lui prépare , si elles ne punissaient pas du dernier supplice ceux qui lui en présenteraient de pernicieux , il n'aurait pas l'assurance de continuer la vie.

L'homme n'est donc en société que parce qu'il ne saurait être autrement. L'état social est donc le véritable état de nature de l'homme.

Je pourrais énumérer toutes les autres fonctions qu'il serait impossible à l'homme de remplir, s'il n'était pas en société. Si j'ai choisi celle sur laquelle je viens d'insister, c'est parce qu'elle entraîne toutes les autres dans ses conséquences, et aussi peut-être parce qu'elle semblait vouloir se refuser à la rigueur d'une démonstration.

Je pourrais démontrer que la reproduction, ce besoin, tout impétueux et tout indépendant qu'il paraît, ne s'accomplirait pas non plus hors de la société. En effet, ce phénomène est accompagné chez les animaux de circonstances qui ne se retrouvent plus chez l'homme.

Pour les espèces où il a ses accès périodiques, les femelles l'éprouvent avec plus de violence que les mâles. Nos maisons et nos forêts retentissent surtout de leurs provocations, parce qu'étant plus spécialement destinées à la multiplication, elles pressent tout à la fois, par leurs cris, l'exé-

cution de la loi à laquelle elles sont sou-
mises, et célèbrent la toute-puissance qui
les y soumet.

Si les femelles n'ont que des temps de
crise, tandis que les mâles conservent constamment leur puissance ; la force des femelles, comparée à celle des mâles, est dans
un rapport qui interdit la contrainte à ces
derniers, et on ne voit entre eux aucun
rapprochement qui ne tienne à une ardeur
partagée.

Rien de semblable n'arrive pour l'espèce
humaine. Nous ne sommes point soumis
à ces effervescences périodiques. Les forces
de la femme sont de beaucoup inférieures
à celles de l'homme, et les hommes n'ont
pas toujours cette retenue que leur re-
commande cependant la nature entière par
son exemple.

Les femmes ont donc constamment besoin
d'une garantie contre la violence dont les
lois naturelles n'ont pas pris soin de les
préserver.

Où la trouveraient-elles, si les lois so-

ciales ne la leur donnaient pas? Qui pro-
tégerait la femme sans désirs, la femme
souffrante, la femme malade abordée par
un ou plusieurs hommes dans un moment
où toute la rigueur de ces lois et la déli-
catesse de nos mœurs ne sont pas toujours
d'assez puissans obstacles? Le charme qui
préside à l'attrait des sexes serait détruit,
et le plus farouche des animaux pour la
femme serait l'homme.

Je vais dire quel a été pour l'homme son
état antérieur à l'état social : c'est celui où les
plantes n'avaient encore que leurs racines,
où le tigre était sans férocité, où l'Océan
n'avait ni flux ni reflux, etc. etc.

CHAPITRE III.

*Que les exemples qu'on regarde comme con-
traires à cette doctrine sont faussement
appliqués.*

IL resterait à détruire les inductions qu'on
semble en droit de tirer d'exemples ou
d'anecdotes particulières; car si l'on trouve
encore aujourd'hui des hommes qui n'ont
jamais vécu en société, ou si on en a trouvé
autrefois, ce qu'on alléguerait pour en nier
la possibilité serait ridicule.

Tous les mille ans on cite l'exemple de
quelque malheureux trouvé dans les forêts
ou dans les montagnes, et on ne manque pas
de le représenter comme un rejeton non
encore dégénéré de la race primitive. On en
a vu qui mugissaient comme les bêtes fé-
roces, qui marchaient à quatre pieds comme
elles, et qui, comme elles, dévoraient leur
proie vivante.

Sans nier aucune de ces bizarreries, je dirai que si l'on était parvenu à vérifier l'âge auquel ces malheureux s'égarèrent, on aurait reconnu qu'ils étaient déjà parvenus à une époque de la vie assez avancée pour qu'ils eussent contracté dans la société l'habitude de pourvoir à leurs principaux besoins.

Mais *les sauvages ?* .... Nous devrions dire les sauvages, comme les Romains disaient *les barbares :* ils entendaient par là les nations qui n'avaient pas leurs mœurs.

Les sauvages ne vivent-ils pas en corps de nation ? n'obéissent-ils pas à des chefs ? n'adorent-ils pas, sous quelque emblème, un Dieu créateur de l'Univers ? Qu'est-ce donc que tout cela, si ce n'est pas la société ? Qui peut donc assurer tout cet ordre, si ce ne sont pas les lois ?

CHAPITRE IV.

De la société.

L'HOMME vit en société, parce que ce n'est que dans cet état qu'il peut remplir les conditions nécessaires à la vie. Mais la société des hommes n'est composée que d'hommes. Comment trouvent-ils , réunis , les avantages qu'ils n'ont point étant isolés ?

Avant de résoudre cette question, il nous faut examiner ce que c'est qu'une société, et quels sont les élémens nécessaires à sa composition.

Toute assossiation suppose deux choses : 1.º *la dépendance* des associés entre eux ; 2.º *la différence* de leur aptitude à remplir les diverses fonctions nécessaires à la société.

Il n'y a point de société sans cette dépendance et sans cette différence.

Je dis sans cette dépendance, parce que des êtres qui n'auraient pas besoin les uns des autres ne se réuniraient certainement pas. Je dis sans cette différence, parce que des êtres qui, réunis, se livreraient tous à des fonctions semblables, n'auraient pas plus d'avantages que s'ils vivaient isolés.

La dépendance des associés entre eux est *la raison* de l'association, et la différence de leur aptitude aux fonctions sociales en est *le moyen*.

Prenons pour exemple la société des abeilles que les lois naturelles ont pris soin d'organiser toute entière. Il n'y a, il est vrai, aucune parité entre l'homme et l'abeille. Mais la société des abeilles repose sur les bases générales de toute association : ainsi il n'y a point de vice dans le rapprochement.

Trois sortes d'abeilles composent une ruche : 1.º *l'abeille-reine ;* elle seule est féconde et suffit par sa fécondité aux besoins de la société à laquelle elle préside, et à la reproduction des sociétés nouvelles : 2.º *les*

abeilles

abeilles mâles ; elles n'ont dans l'association d'autre emploi que de féconder la reine : 3.º *les abeilles ouvrières ;* elles font seules tout le travail de la ruche, vont à la récolte, construisent les alvéoles, nourrissent les larves, etc., etc.

De ces trois sortes d'abeilles aucune ne réunit l'ensemble des conditions nécessaires à la vie:

L'abeille - reine n'est que féconde et n'est point travailleuse. Les abeilles mâles ne le sont pas davantage. Les abeilles ouvrières sont également impuissantes et stériles.

La dépendance où elles sont les unes des autres est donc *la raison* de leur association.

Chacune d'elles a des attributs distincts, et leurs besoins respectifs ne sont complétés que par la réunion générale.

Leur *différence* d'aptitude à remplir les fonctions nécessaires à la société en est donc le *moyen*.

Les hommes sont bien dans la dépendance les uns des autres, puisque chaque homme isolé ne peut pas remplir les conditions nécessaires à la vie. Les hommes ont donc aussi *la raison* de l'association. Mais n'ayant pas, du moins naturellement, des facultés distinctes au premier aperçu, ils n'en ont pas *le moyen*.

On dirait qu'en même temps que nous sommes astreints à vivre en société, nous sommes néanmoins privés des facultés indispensables à son organisation.

Nous allons voir quelles sont les ressources de l'homme pour suppléer à cette insuffisance apparente.

CHAPITRE V.

Que l'homme a le germe de toutes les facultés utiles à la société.

Les hommes n'ont pas, il est vrai, comme les abeilles, ces facultés distinctes qui les empêchent d'empiéter sur les fonctions les uns des autres ; mais chaque homme a *le germe* de toutes les facultés sociales. Chaque homme n'est pas un élément particulier, mais un élément général de société. C'est une espèce de cahos où d'abord toutes les puissances sont confondues.

Loin que ce germe ait les caractères de l'instinct, qui est une faculté toute développée; loin qu'il suffise à conduire l'homme sans effort et sans peine dans la carrière de la vie, il faut, au contraire, que l'homme consacre à son développement ses efforts et sa vie.

Si même il pouvait parvenir à en développer l'ensemble, un moment arriverait
où il pourrait se suffire à lui-même, et où
par conséquent il cesserait d'être social.

Mais il ne peut disposer que d'une très-
légère portion de ce germe. Il ne saurait
porter ses forces sur un point sans laisser
les autres dégarnis. Un penseur profond
serait le plus mauvais des athlètes. Ainsi
la faiblesse de l'homme s'accroissant presque en raison de sa force, il ne quitte jamais
le lien de la dépendance.

D'un autre côté, si tous les hommes dé-
veloppaient la même portion de ce germe,
la société cesserait d'être possible, puisqu'elle repose autant sur la différence d'aptitude de ses membres à remplir les diverses
fonctions sociales, que sur leur dépendance réciproque.

Il faut donc, d'une part, que toutes les
facultés utiles à la société soient développées, et, de l'autre, que chaque membre
développe une faculté distincte en raison
des besoins de cette société.

CHAPITRE VI.

Que l'homme peut se perfectionner et se déteriorer.

LES animaux sont aujourd'hui dans le même état où ils étaient il y a des milliers de siècles, et dans des milliers de siècles ils seront dans l'état où ils sont aujourd'hui. Leur intelligence étant captive dans les liens de leur instinct, ils ne peuvent ni se perfectionner ni se détériorer.

L'intelligence de l'homme, au contraire, est indépendante; et elle est indépendante précisément parce qu'elle n'est pas enchaînée au joug d'une faculté dominante. Dès-lors elle va subissant tous les changemens qui peuvent résulter de son plus ou moins grand développement.

L'homme peut donc également se perfectionner ou se détériorer. Aussi chaque

animal est *parfait* dans son espèce, tandis
que l'homme, envisagé sous le point de vue
le plus avantageux, n'est que *perfectible.*

C'est parce que l'homme n'est que perfectible qu'il vit bien moins de sa vie naturelle que de sa vie légale. Il n'est pas
permis de tâtonner dans les premiers pas
de la vie, et sa première incertitude le
conduirait infailliblement à la mort, si
les lois ne lui procuroient pas toutes les
garanties dont il est naturellement dé-
pourvu.

En revanche la perfectibilité de l'homme
tourne bien plus à l'avantage de la société
qu'au sien propre. Comme elle est éternelle,
et qu'il ne dure qu'un instant, elle s'a-
méliore du tribut que chacun lui paie dans
son passage; et elle semble promettre de
répandre, par torrens, sur les générations
à venir les biens qu'elle a reçus, goutte à
goutte, des générations passées.

CHAPITRE VII.

Que l'homme est créateur.

L'HOMME n'est pas, comme les animaux, fort d'une force naturelle : aucun de ses membres n'est armé de défenses : il n'a ni la dent du loup, ni la serre du vautour, ni la tête du bélier, ni le venin de la vipère. Son goût ne distingue ni les mets salutaires, ni les mets dangereux : une courte distance dérobe les objets à sa vue : ses oreilles ne sont point frappées d'un son éloigné : il ne distingue point à l'odorat la trace de sa maîtresse : sa peau délicate est meurtrie par le moindre choc : on dirait que tout lui a été refusé, si l'on pouvait dire qu'il a été refusé quelque chose à celui qui a été doué du pouvoir de créer.

L'homme seul est *créateur :* c'est là le sceau particulier dont l'a marqué le Dieu qui le fit à son image.

L'homme a besoin d'une habitation, et cependant il n'a pas, comme le castor, des moyens naturels de construction; mais il crée l'art de bâtir et tous les instrumens que cet art nécessite.

Sous toutes les latitudes le corps des animaux est naturellement maintenu dans le degré de chaleur nécessaire à la vie. L'homme seul est exposé à toutes les intempéries; mais il fait jaillir la flamme des substances qui la recèlent; il invente les vêtemens et se crée une chaleur artificielle.

Si la loi du climat le dispense des vêtemens, la pudeur (1), ce symptôme des

---

(1) La pudeur n'est pas née de ce qu'on appelle si faussement *l'artifice social* : elle est au rang des causes de sociabilité et non de ses effets. Dans le second cas elle ne serait qu'éventuelle; dans le premier elle est inhérente à la nature de l'homme.

Lorsqu'un législateur de la Grèce ordonna aux jeunes filles et aux jeunes guerriers d'aller nus dans la place publique, la loi naturelle fut outragée par la loi sociale, et bientôt des goûts infames remplacèrent la chasteté de l'amour.

En général les Grecs ont peu respecté la pudeur,

désirs, dont elle décèle la présence par l'effort même qu'elle fait pour les cacher, la
pudeur, dis-je, lui commande un voile.

Jeté sans défense au milieu d'animaux
dont plusieurs sont avides de carnage, il
éprouve le besoin tantôt d'attaquer, tantôt
de se défendre, et cependant il n'a point
d'armes naturelles; mais il crée la flèche,
la lance et tous les instrumens meurtriers.

Ce n'est pas encore assez, il emprunte
l'instinct pour l'ajouter à sa puissance. Le

---

et ils en ont été punis. Toutes ces statues destinées à exalter leurs sens, tantôt par la beauté des
formes, tantôt par la bizarrerie, tantôt par l'im-
prudence des attitudes, nous attestent la dépra-
vation de leur imagination, comme l'usage des
liqueurs fortes atteste des palais blasés.

Renfermés aujourd'hui dans nos musées, que ces
monumens y déposent et de notre valeur et de
l'antique faiblesse ; mais que l'imitation, ce triste
aveu d'impuissance, cesse de les reproduire dans
nos jardins et dans nos places publiques : ou bien
la postérité, en fouillant nos décombres et trouvant
partout des Vénus, des Hercule, croira, sinon
que nous leur avons prostitué nos hommages, du
moins que nous avons manqué de héros.

chien guide sa marche; le cheval accélère sa course; et voilà le plus faible des êtres devenu le dominateur de tous.

Dans tous les temps, dans tous les lieux il est un âge où l'homme est averti de la nécessité de plaire. La nature a environné de pompe et de solennité le mystère de la reproduction. Les oiseaux changent au printemps en un plumage brillant des plus éclatantes couleurs le terne plumage de l'hiver. Les végétaux, pour se reproduire, ornent la terre de guirlandes, et embaument l'air des parfums qu'ils exhalent. L'homme n'a point de parure naturelle; mais il en crée une artificielle, et s'ajuste tous les charmes qu'il croit propres à séduire.

A peine a-t-il pourvu à ses besoins qu'il songe à ses plaisirs. Il crée une jouissance pour chacun de ses organes. Tous les jeux, tous les arts sont inventés, et la nature reconnaît un rival en prodiges, l'homme créateur.

CHAPITRE VIII.

Création du monde politique.

CHAQUE homme naît avec le germe de toutes les facultés utiles à la société. Mais comment concilier les prétentions diverses qui peuvent découler de ces sources semblables

Tous les hommes peuvent vouloir développer les mêmes fonctions, et exercer les mêmes facultés; ou bien tous peuvent refuser de développer certaines facultés, et d'exercer certaines fonctions indispensables à la société. Celui-ci voudrait combattre, lorsqu'il faudrait vivre en paix; celui-là vivre en paix, lorsqu'il faudroit combattre. Livrés ainsi à l'impulsion de leurs volontés et de leurs forces, les hommes se détruiraient au lieu de se conserver.

L'homme crée donc une *volonté générale* qui domine toutes les volontés particulières;

une volonté qui établit les fonctions nécessaires à l'ordre social et désigne ceux qui
doivent les remplir ; une volonté qui or-
donne les actions utiles, et interdit celles
qui pourraient être dangereuses ; qui assigne
à chacun l'étendue de ses devoirs et la
borne de ses droits.

Cette volonté générale prend le titre de *loi*.

Mais les hommes dont l'intelligence est
indépendante, pourraient se trouver blessés
de l'ordre établi ; ils pourraient désirer
d'autres fonctions que celles qui leur sont
assignées ; ils pourraient se plaindre ; ils
pourraient souffrir du moins.

L'homme crée alors des *institutions* qui
disposent les esprits à obéir aux lois. La
loi commande, et l'institution persuade.

De l'accord entre les institutions et les
lois, résultent *les mœurs*, c'est-à-dire, les
habitudes de l'esprit et du cœur. De l'accord entre les institutions, les lois et les
mœurs, résulte l'*harmonie sociale ;* et voilà
le monde politique sorti tout armé du cer-
veau de l'homme créateur.

LIVRE II.

Des besoins de la société et de la nature du gouvernement.

CHAPITRE PREMIER.

État de la question.

Nous venons de voir que les hommes ne peuvent se passer de la société, et qu'ils ont été doués de tous les attributs nécessaires pour y vivre, qu'ils en ont *la raison* et *les moyens*.

Seulement la raison est *naturelle* et les moyens sont *artificiels*.

Il n'est pas en notre pouvoir de nous soustraire à la dépendance de la société, et c'est pour cela que je dis la *raison natu-relle ;* mais la différence d'aptitude aux diverses fonctions, nous ne pouvons l'acquérir qu'à force de travail, qu'en développant avec effort quelqu'une des facultés dont nous avons le germe : c'est pour cela que je dis, les *moyens artificiels*.

La raison étant naturelle, nous n'avons pas à nous en occuper ; il nous a suffi de la constater. Les moyens étant artificiels doivent devenir l'objet de nos méditations.

Avant toutefois de savoir quels moyens sont à employer, il faut connaître quels besoins nous avons à remplir.

CHAPITRE II.

Des lois divines ou naturelles.

Si les plantes végètent, si les minéraux cristallisent, si les vents soufflent, si le serpent est vénéneux, si l'homme est en société, c'est que des lois éternelles l'ont ainsi prescrit. L'intelligence de Dieu est le dépôt de cette première sorte de lois, et l'ordre de l'univers en est le résultat.

On les appelle des *lois divines*, pour marquer la source dont elles émanent ; ou quelquefois des *lois naturelles*, pour exprimer avec quelle constance et avec quelle facilité elles s'exécutent.

Nous ne pouvons pas vivre hors de la société, parce que les lois divines nous ont assujétis à des conditions que la société peut seule nous fournir les moyens de remplir. Pour nous elles se sont arrêtées là. Elles ont établi la dépendance des hommes et n'ont pas établi de hiérarchie dans cette dépendance.

Cependant si la hiérarchie sociale n'est pas réglée, la société ne saurait subsister. C'est donc en vertu des lois divines que l'homme fait une seconde sorte de lois qui suppléent à l'insuffisance des premières. *Les lois sociales* sont donc la conséquence nécessaire des lois divines.

On voit ici bien précisément le point où les unes finissent, et où les autres commencent.

CHAPITRE

CHAPITRE III.

Des lois sociales.

Qu'est-ce qu'une loi sociale ?

« Tant qu'on se contentera, dit Rous-
« seau (1), de n'attacher à ce mot que des
« idées métaphysiques, on continuera de
« raisonner sans s'entendre ; et quand on
« aura dit ce que c'est qu'une loi de la
« nature, on n'en saura pas mieux ce que
« c'est qu'une loi sociale.

« J'ai déjà dit, continue-t-il, qu'il n'y
« avait point de volonté générale sur un
« objet particulier. En effet, cet objet par-
« ticulier est dans l'État ou hors de l'État.
« S'il est hors de l'État, une volonté qui
« lui est étrangère n'est point générale par
« rapport à lui ; et si cet objet est dans
« l'État, il en fait partie : alors il se forme

____

(1) CONTRAT SOCIAL, liv. 2, chap. 6.

« entre le tout et sa partie une relation
« qui en fait deux êtres séparés, dont la
« partie est l'un; et le tout moins cette
« partie, est l'autre. Mais le tout moins
« une partie, n'est point le tout; et tant
« que ce rapport subsiste, il n'y a plus de
« tout, mais deux parties inégales : d'où il
« suit que la volonté de l'une n'est point
« non plus générale par rapport à l'autre.

« *Mais quand tout le peuple statue sur*
« *tout le peuple*, il ne considère que lui-
« même; et s'il se forme alors un rapport,
« c'est de l'objet entier sous un point de
« vue à l'objet entier sous un autre point
« de vue, sans aucune division du tout.
« Alors la matière sur laquelle on statue
« est générale comme la volonté qui statue.
« C'est cet acte que j'appelle une loi. «

Sans examiner jusqu'à quel point Rousseau, dans sa définition, s'éloigne de cette
métaphysique contre laquelle il s'élève, je
m'arrête à ces seuls mots, qui n'offrent aucune obscurité : *Quand tout le peuple*
statue.....

Ainsi, selon Rousseau, la volonté générale ou la loi tire un de ses attributs constitutifs du nombre d'hommes employés à la produire. Ainsi, pour qu'une volonté soit générale, il faut d'abord que les voix de tous les membres de l'association soient comptées. « Toute exclusion formelle rompt, *dit-il*, la généralité (1). »

Si cela était exact ; si, pour qu'une loi reçût son principal caractère, il suffisait de compter les voix de tous les membres de l'association : la politique, cette science si difficile, que l'histoire, si fertile en héros de tout genre, est cependant vide de législateurs ; la politique, dis-je, cesserait même d'être au rang des sciences. Il serait plus facile de faire une loi qu'une addition ; car, pour faire une addition, il faut du moins la précaution de n'employer sur les mêmes lignes que des quantités du même ordre.

La loi n'est pas dite volonté générale, parce qu'elle est la volonté de tous, mais

____

(1) CONTRAT SOCIAL, liv. 2, chap. 2.

5 *

parce qu'elle doit embrasser l'intérêt de tous.

Rousseau a bien aperçu cette vérité, car c'est lui qui a dit :

« Il y a souvent bien de la différence
« entre la volonté de tous et la volonté
« générale. Celle-ci ne regarde qu'à l'in-
« térêt commun ; l'autre regarde à l'intérêt
« privé, et n'est qu'une somme de volontés
« particulières (1). »

Assurément cette seconde assertion est destructive de la première ; et c'est, en général, la manière la plus sûre comme la plus brillante de combattre Rousseau, que de l'opposer à lui-même.

Cela provient de ce qu'il y a opposition entre les principes, qui sont éternels, et son système, qui est faux d'un bout à l'autre. Comme avec son génie il faut qu'il aperçoive ces principes, il commence par les exposer, et puis, comme il ne peut pas en déduire les conséquences favorables à son

____

(1) CONTRAT SOCIAL, liv. 2, chap. 5.

système, il finit par les abandonner et les contredire.

Il n'est pas probable que Rousseau n'ait pas vu que la société reposait sur *la différence* d'aptitude de ses membres; mais il convenait à son système qu'elle reposât sur *l'égalité;* et profitant du double sens de ce mot, confondant entre elles les diverses acceptions dans lesquelles il est possible de le prendre, et les diverses positions auxquelles il peut être appliqué, il a proclamé l'égalité comme la base de toute association, et étayé son erreur de tous les prestiges de l'éloquence et de l'enthousiasme.

Sans doute nous naissons tous égaux, puisque nous naissons tous avec le germe des mêmes facultés. Encore ce germe n'a-t-il pas été posé chez tous d'une manière tellement uniforme, que tous soient indistinctement capables de le développer au même degré. L'expérience l'atteste, et dément la doctrine contradictoire qu'Helvétius a vainement tenté d'accréditer.

Mais cette égalité cesse à mesure que nous

avançons dans la vie ; et elle cesse précisément pour que la société soit possible. Alors
nous acquérons des droits proportionnés à
la nature et à l'étendue des facultés que
nous avons développées, des droits différens suivant notre différence d'aptitude à
remplir les diverses fonctions sociales.

Rousseau, me dira-t-on, part de ce point
que les affaires publiques doivent être la
principale occupation de tous les citoyens,
qu'ils doivent y penser sans cesse, et être
fréquemment assemblés pour en délibérer.
Ainsi, dans le système de Rousseau, tous
ont de l'aptitude à produire la loi.

Je réponds qu'alors Rousseau détruit la
société même ; car si tous les membres de
l'association s'occupent des affaires publiques, développent leurs facultés sociales
par excellence, alors tous les autres points
de leur être resteront dégarnis ; il n'y aura
que des hommes sociaux et point de société.

C'est pour cela qu'à Sparte, où un nombre
d'hommes disproportionné avec les besoins
de la population avait part à la confection des

lois, le législateur fut obligé, d'une part, de retrancher toutes les sciences et tous les arts utiles, et, de l'autre, d'établir le plus dur des esclavages.

La définition de Rousseau est donc vicieuse, et la question reste toute entière : Qu'est-ce qu'une loi?

J'ai déjà dit dans le livre précédent que c'était *une volonté qui dominait toutes les volontés, que c'était la règle des actions des hommes;* et je m'arrête provisoirement à cette première définition.

Rousseau a conclu de la sienne que très-peu de peuples avaient des lois : il aurait pu même ajouter qu'il n'y en avait aucun, ce qui est absurde. De la mienne on peut conclure que tous les peuples en ont : ce qui est exact.

Mais, ni dans l'une ni dans l'autre on ne voit pas quelle est la différence d'une bonne ou d'une mauvaise loi : toutes les deux sont également lois : c'est leur étiquette qui fait leur caractère.

En avançant dans cet ouvrage je ferai disparaître la confusion.

CHAPITRE IV.

Division des lois sociales.

Pour que la loi existe, il faut d'abord l'homme qui la crée, et puis que cet homme ait l'autorité nécessaire pour la créer.

Mais cette autorité, il ne peut la tenir que de la loi. Ici donc il est nécessaire d'enter la loi sur la loi même (1), c'est-à-dire, de faire des lois pour fixer la manière dont les lois seront faites, de sorte que ceux-là même qui commandent ne fassent réellement qu'obéir.

De là naît une division des lois en *lois souveraines et en lois civiles.*

(1) Que le lecteur attentif qui croirait apercevoir ici une lacune dans la série des idées, se pénètre bien de mon sens, et il reconnaîtra son erreur.

Je ne parle pas des lois religieuses, parce que les rapports des hommes avec Dieu étant essentiellement intellectuels , sont , par ce motif, du ressort des institutions, dont je ne traite pas encore.

CHAPITRE V.

D'une troisième sorte de lois sociales.

DE même que les membres d'une même association ont entre eux des rapports nécessités par la dépendance dans laquelle ils sont les uns des autres, de même les diverses nations en ont entre elles que nécessite la dépendance de leur position respective ; et puisqu'elles ont des rapports nécessaires, il faut des lois pour en régler l'ordre ; c'est là une troisième sorte de lois aussi indispensables que les premières.

Lorsque les lois souveraines et civiles sont émises, leur exécution est assurée. Comment avec une volonté particulière résister à la volonté générale ?

Les lois qui lient les nations entre elles ne sont pas si fortes. Si une nation veut violer la loi qui fixe l'ordre de ses rapports avec une nation voisine, ce n'est plus une volonté particulière qui veut résister à une volonté générale. La lutte est entre deux volontés semblables, et la chance possible du succès est un éternel appât à la résistance.

Aussi cette troisième sorte de lois porte-t-elle le nom particulier de *traités*, comme si le nom sacré de lois ne devait pas être donné à celles dont la violation ne peut pas toujours être réprimée.

CHAPITRE VI.

Différences des lois divines d'avec les lois sociales.

Quand Dieu dit : « Que la lumière se fasse », la lumière fut faite ; et cette seule volonté lui donna son éclat, sa rapidité, son élasticité, enfin toutes les propriétés qui la caractérisent. Quand Dieu dit : Que le soleil soit immobile ; que les planètes fassent leur révolution autour de lui ; que les satellites fassent leur révolution autour des planètes : à cette seule volonté, le soleil, les planètes et leurs satellites reçurent toutes les propriétés nécessaires pour accomplir ces lois. En un mot, les lois divines *président* à la nature des choses.

Les lois sociales ont-elles ce caractère ? Suffit-il qu'un membre désigné de la société, ou tous ses membres, ou seulement une partie plus ou moins considérable, déclarent qu'une volonté émise sur un point donné, est la loi, pour qu'à l'instant l'ordre existe ?

L'homme est créateur, mais à la manière d'une créature qui rappelle tout à la fois la majesté de son origine et l'immensité de la distance qui l'en sépare. Il crée, mais avec des matériaux existans, et seulement après avoir étudié avec peine et avec effort les diverses propriétés qui leur ont été assignées par les lois divines.

Il crée des armes pour sa défense ; mais il faut d'abord qu'il étudie toutes les propriétés offensives attachées par les lois divines aux substances qu'il emploie.

Il crée des édifices pour s'abriter ; mais il faut d'abord qu'il étudie le degré de solidité attaché par les lois divines aux matériaux dont il veut se servir.

Il crée des lois pour régler l'ordre social ; mais il faut d'abord qu'il étudie l'étendue des besoins attachés par les lois divines à toute association, et l'étendue des ressources que l'homme a reçues pour y pourvoir.

Manque-t-il de remplir ces conditions? Ses armes seront impuissantes, et au lieu d'être en sûreté il sera en péril. Son habitation sera sans solidité, et au lieu d'avoir un abri, il courra risque d'être écrasé sous des ruines. Ses lois seront mauvaises, et la société, au lieu de jouir de tous les avantages de l'ordre, sera exposée aux troubles et aux orages.

Loin donc que les lois sociales président à la nature des choses, elles doivent, au contraire, lui être *subordonnées*.

CHAPITRE VII.

Base de la théorie.

C'est parce que les lois sociales doivent être subordonnées à la nature des choses, que j'ai un moyen de distinguer une bonne loi d'avec une mauvaise. C'est parce que les lois sociales doivent être subordonnées à la nature des choses, que j'ai une base à la théorie du monde politique, et que je n'ai pas craint d'avancer en commençant cet ouvrage, que la science du gouvernement était susceptible d'exactitude.

Je sais que si la loi ordonnait que tous les membres d'une même association exerçassent les mêmes fonctions, je sais, dis-je, que cette loi, loin d'être subordonnée à la nature des choses y serait entièrement opposée : car la société repose, d'une part, sur la dépendance de ses membres entre eux, et de l'autre sur leur différence d'aptitude à remplir les fonctions sociales, et si tous exerçaient la même fonction, cette différence n'existerait plus. On n'aurait plus que les inconvéniens de la dépendance. J'ai donc une base; mais elle n'est encore que négative. Je sais donc quelles lois sont dangereuses.

Maintenant j'étudie quelle est l'étendue des besoins de la société. Je cherche quelle est cette nature des choses à laquelle les lois doivent être subordonnées, et si je parviens à la découvrir, j'aurai une base positive; je saurai quelles lois sont nécessaires.

CHAPITRE

CHAPITRE VIII.

De la force publique.

S'IL n'y avait d'autre barrière à opposer aux diverses prétentions des hommes que des volontés générales, ils succomberaient au désir de s'y soustraire sans qu'il soit possible de les en empêcher. Il faut donc qu'à ces volontés soit jointe une force capable de contraindre à l'obéissance ceux qui seraient tentés de s'y soustraire.

La force publique n'est donc pas moins nécessaire à la société que la volonté générale.

Comme nous venons de voir qu'il y a trois sortes de volontés ou de lois sociales très-distinctes, également indispensables au besoin de chaque société, il faudrait aussi que chacune de ces volontés eût une force particulière qui lui fût assujétie ; c'est-à-

4

dire que les volontés souveraines ou civiles ne fussent pas assurées par la même
force qui doit assurer les traités : car si on
exécute les deux premières sortes de lois
avec les mêmes moyens qui devraient être
réservés pour assurer la troisième, il n'y a
plus de rapport entre la résistance possible
et les moyens employés pour la réprimer.

CHAPITRE IX.

Du gouvernement.

———

TOUTES ces volontés, il faut qu'elles commandent sans s'embarrasser ; toutes ces forces, il faut qu'elles obéissent sans s'entre-heurter. Tel est le double rapport duquel résulte pour la société le besoin d'*un gouvernement.*

Qu'est-ce donc que le gouvernement ?

Un être artificiel formé par la puissance humaine ; un être qui, par sa fécondité intellectuelle, doit suffire à la société, comme l'abeille reine suffit à la ruche par sa fécondité matérielle ; un être dont la force doit être proportionnée à l'étendúe de l'intelligence.

Je l'appelle *le gouvernement* et non pas *le pouvoir exécutif,* ni *le pouvoir légis-*

latif, parce que ces expressions faussent toutes les idées.

Le pouvoir législatif n'est pas un pouvoir : c'est une volonté sans force ; et une volonté sans force se dit impuissance, et non pouvoir.

Le pouvoir exécutif n'est pas un pouvoir : c'est une force qui dépend d'un mobile ; c'est un esclave qui obéit.

Le pouvoir se compose de volonté et de force : le gouvernement est tout à la fois le pouvoir législatif et le pouvoir exécutif, ou bien il ne serait rien.

Dans tout ceci, je heurte les opinions reçues et les autorités accréditées ; mais ce n'est pas entre elles et moi qu'il s'agit de prononcer, c'est entre la vérité et l'erreur.

La vérité est la mère féconde d'une nombreuse famille qui marche toujours réunie. L'erreur, au contraire, est comme frappée de stérilité. On la reconnaît à ses efforts, pour ramasser autour d'elle une foule d'étrangers qui se refusent à son empressement.

CHAPITRE X.

Des caractères constitutifs du gouvernement.

LES diverses espèces qui forment l'immense chaîne des êtres ont toutes un point général de ressemblance et un point particulier de différence.

Toutes ont une volonté pour se diriger, et une force pour obéir à cette volonté.

Bien qu'il y ait les deux élémens distincts ; isolés l'un de l'autre, ils seraient respectivement sans valeur : ce n'est que par leur réunion que *l'être* se forme.

Voilà le point de ressemblance.

Ensuite chaque espèce a une organisation spéciale assortie à sa destination.

Cette organisation *constitue le caractère* de l'espèce. Pour le chien, c'est la finesse de l'odorat ; pour l'homme, c'est l'aptitude à développer quelqu'une des facultés dont il a le germe ; c'est le pouvoir de créer.

Voilà le point de différence.

Le gouvernement est volonté et force ; il ressemble donc à tous les autres êtres créés.

Maintenant quel est ou quels sont les caractères qui le constituent un être différent de tous les autres êtres ?

Cette question est la plus importante de toutes les questions politiques.

Le caractère *des êtres réels* est subordonné à leur destination. Le chien n'aurait pas la finesse de l'odorat s'il n'était destiné à la piste. L'homme n'aurait pas le germe de toutes les facultés sociales s'il n'était destiné a vivre en société.

L'être artificiel que nous avons à créer est destiné à pourvoir aux besoins de la société.

Donc, pour savoir quels sont les caractères de l'un, nous n'avons qu'à examiner quels sont les besoins de l'autre.

Le premier besoin de la société est que l'être artificiel ait tous les avantages de l'être réel.

L'avantage inséparable de l'être réel, c'est qu'il est *un*, c'est que sa volonté est indépendante et que sa force obéit à sa volonté.

L'unité, premier besoin de la société, est donc le premier caractère du gouvernement.

Il ne suffit pas à la société que l'être artificiel ait les avantages de l'être réel, il faut encore qu'il n'en ait aucun des inconvéniens.

Le grand inconvénient de l'être réel, est que sa volonté tend sans cesse à l'intérêt privé, et il faut que la volonté de l'être artificiel tende sans cesse à l'intérêt *social*.

La socialité (1), second besoin de la société, est donc le second caractère du gouvernement.

Ainsi, la différence du gouvernement avec les autres êtres créés, c'est qu'il est tout à la fois *un* et *collectif*.

---

(1) Pour exprimer un rapport, qui, s'il a été aperçu, n'a pas été défini, je suis obligé de créer un mot nouveau.

CHAPITRE XI.

Qu'il n'y a qu'une seule nature de gouvernement.

Sɪ l'unité et la socialité sont les caractères constitutifs du gouvernement, il n'y a et il ne peut y avoir des gouvernemens que d'une seule nature.

La nature particulière d'une chose étant ce qui la constitue, il implique contradiction de dire que cette chose existe, si elle n'a pas les caractères constitutifs de son être; et si plusieurs choses ont des caractères constitutifs semblables, il implique contradiction de dire qu'elles sont de différente nature.

CHAPITRE XII.

Des trois gouvernemens définis par Montesquieu.

———

JE dis qu'il n'y a qu'une seule nature de gouvernement; et cependant tous les auteurs s'accordent à en reconnaître un nombre plus ou moins considérable : les uns, trois, les autres, six. Aristote en comptait jusqu'à cent cinquante.

De tous ces systèmes examinons le plus accrédité.

« Il y a, dit Montesquieu (1), trois es-
« pèces de gouvernement, *le républicain,*
« *le monarchique* et *le despotique.* »

« Pour en découvrir la nature, il suffit
« de l'idée qu'en ont les hommes les moins
« instruits. Je suppose trois définitions,
« ou plutôt trois faits : l'un que le gouver-

————

(1) ESPRIT DES LOIS, liv. 2, chap. 1.

« nement républicain est celui où le peuple
« en corps, ou seulement une portion du
« peuple, a la souveraine puissance : le
« monarchique, celui où un seul gou-
« verne, mais par des lois fixes et établies,
« au lieu que dans le despotique un seul,
« sans lois et sans règle, entraîne tout par
« ses volontés et ses caprices. »

Voilà ce que Montesquieu appelle *la na-*
ture particulière de chaque gouvernement.

Je reprends :

« Le gouvernement républicain est celui
« où le peuple en corps ou seulement une
« partie du peuple a la souveraine puis-
« sance. » *Avoir la souveraine puissance*,
veut dire ici produire la volonté générale,
faire la loi. Ainsi, voilà le gouvernement
caractérisé par la manière dont la loi se
fait, sans parler de celle dont elle s'exécute.

« Le monarchique, continue Montes-
« quieu, est celui où un seul gouverne,
« mais par des lois fixes et établies. » Ici,
au contraire, le gouvernement n'est caractérisé que par la manière dont la loi s'exé-

cute sans parler de celle dont elle se fait.

Je demande entre lequel des deux systèmes il faut opter. Je demande lequel des deux est le gouvernement, ou du pouvoir législatif ou du pouvoir exécutif, pour me servir d'expressions que je viens de condamner, et dont je ne me sers ici qu'afin d'être mieux entendu.

Si c'est le pouvoir législatif, alors la monarchie, telle qu'elle est définie par Montesquieu, n'est pas un gouvernement. Si c'est le pouvoir exécutif, alors la république, telle qu'elle est définie par Montesquieu, n'est pas un gouvernement.

Tous les deux manquent également d'un des élémens indispensables pour constituer l'être, l'un de volonté, l'autre de force.

« Au lieu, poursuit-il, que dans le des« potisme un seul, sans lois et sans règle, « entraîne tout par sa volonté et ses ca« prices. »

Maintenant il n'est plus question ni de la manière dont se fait la loi, ni de la manière dont elle s'exécute. Le gouvernement n'est plus caractérisé par aucun point de sa structure particulière, mais par son effet.

Toutes les circonstances des précédentes définitions pourraient se trouver réunies, sans empêcher cet effet : c'est-à-dire que le peuple, en corps, pourrait participer à la confection des lois, *avoir la souveraine puissance*, un seul les faire exécuter, *gouverner selon les lois établies*, et cependant l'État être le jouet d'un factieux habile qui *entraînerait tout par sa volonté et ses caprices.*

Non-seulement Montesquieu n'a pas défini là trois natures particulières de gouvernement; mais dans ces trois définitions réunies on ne trouve pas les caractères qui constituent la véritable nature du gouvernement.

Le gouvernement ne reçoit pas ses caractères de ce qu'il est volonté et force; bien que s'il n'était pas l'un et l'autre il ne serait pas gouvernement, puisqu'il ne serait rien : comme l'homme lui-même ne serait pas homme, s'il n'était force et volonté; bien qu'il ne tienne pas ses caractères spéciaux de ces deux attributs, puisqu'il les partage avec tous les êtres créés.

Je viens d'exposer tout-à-l'heure ces vérités, que la crainte d'être obscur me fait répéter ici.

Les caractères spéciaux du gouvernement sont l'unité et la socialité, parce que sans eux il ne saurait remplir sa destination.

Il faut donc ou nier que ce soient là ses caractères, ou convenir qu'il n'y a de gouvernement que celui qui les réunit. Il faut, pour parler le langage de l'école, contester la définition du *genre*, ou ne ranger parmi les *espèces* que celles qui, différant seulement par des nuances, réunissent d'abord toutes les conditions requises par cette définition.

C'est le défaut des gouvernemens de Montesquieu, que tous ensemble ils ne présentent pas les caractères du genre.

Sa république proscrit l'unité ; car si tous exercent la souveraine puissance, tous ne sauraient avoir les avantages d'un seul.

Sa monarchie repousse la socialité; car si un seul gouverne, il ne saurait avoir les avantages de tous.

Dans la première supposition, donc, le gouvernement n'est pas *un ;* dans la seconde il n'est pas *social* : dans toutes les deux il est un être réel, et la société a besoin d'un être artificiel.

Je touche ici la raison du désordre des empires.

Les hommes ont voulu créér des lois pour organiser le gouvernement, avant d'avoir rempli la tâche préliminaire à toute création humaine, avant d'avoir étudié les propriétés attachées par les lois divines à la nature des choses, pour y subordonner leur création. Faute de ce premier travail, ils ont fait des lois destructrices du gouvernement, au lieu d'en faire de conservatrices.

CHAPITRE XIII.

Base positive.

J'AI commencé par étudier les propriétés attachées par les lois divines à la nature des choses ; je sais quelle est l'étendue des besoins dans la société, et quelles sont les bornes des moyens de l'homme ; je sais que l'unité et la socialité sont les caractères constitutifs du gouvernement, j'ai donc *une base positive* à toute cette théorie ; je sais donc quelles lois sont *nécessaires*, et je ne crains pas d'en présenter de destructrices.

Mais, me dira-t-on, où est la preuve que ce sont bien là réellement les caractères constitutifs du gouvernement, que ce sont bien là les propriétés attachées par les lois divines à la nature des choses ?

Avant que cette assertion se change en démonstration, je dois examiner comment les lois peuvent organiser ces caractères et assurer ces propriétés : je dois examiner leur possibilité avant de prouver leur nécessité.

LIVRE III.

Comment les lois peuvent assurer les caractères constitutifs du gouvernement.

CHAPITRE PREMIER.

Difficultés du problème.

Nous avons à organiser un être artificiel qui doit avoir tous les avantages d'un être réel sans aucun de ses inconvéniens, qui doit être tout à la fois pourvu d'unité et de socialité.

Plusieurs hommes ne peuvent pas assurer l'unité, parce que plusieurs hommes simultanément dépositaires de l'unité tendraient sans cesse à la détruire, au lieu de tendre à la conserver. (1)

(1) Je veux rapporter un fait que les naturalistes ont observé dans la société des abeilles.

Un seul homme ne peut pas assurer la socialité, parce que la volonté de l'homme n'a pas constamment la rectitude nécessaire; parce qu'il a des volontés déréglées, et que celles du gouvernement doivent toujours avoir pour but l'intérêt général.

Indépendamment de ses volontés déréglées, l'homme en a de stériles.

Je voudrais plonger au fond des mers pour connaître les substances qui composent ses abîmes. Je voudrais m'élancer jusqu'à ces globes étincelans, dont la nuit nous a révélé la présence, pour savoir si ce ne sont pas autant de soleils autour desquels circulent d'autres planètes. Je vou-

---

Lorsqu'une reine nouvelle vient à y éclore; si l'ancienne juge que la ruche a assez de surabondance de population pour former une colonie séparée, elle en presse le départ, s'établit à sa tête et abandonne ses états à la nouvelle venue. Si elle juge le contraire, alors il s'établit entre les deux reines un combat qui finit toujours par la mort de l'une des concurrentes.

Pour maintenir l'unité indispensable à la société, les lois naturelles ont constitué une guerre d'extermination entre les individus.

drais fonder dans l'univers la domination d'une justice rigoureuse : volontés stériles.... ma force n'est pas proportionnée à ma volonté.

C'est encore une particularité du gouvernement, que sa volonté et sa force doivent être dans une parfaite harmonie.

Voyons quelles sont les ressources de l'homme pour lui procurer tous ces avantages, et le garantir de tous ces inconvéniens.

CHAPITRE II.

Comment les lois souveraines peuvent assurer l'unité du gouvernement.

Ici elles n'ont point d'alternative. Autant il y aura d'hommes dépositaires de l'unité, autant il y en aura qui seront en état de guerre les uns contre les autres ; autant il y en aura qui voudront établir leur domination particulière sur leurs rivaux, avant de penser à établir la domination générale.

L'unité artificielle n'est pas possible sans l'unité réelle, et la nature des choses à laquelle les lois doivent être subordonnées leur commande d'établir *un seul homme* qui aura le droit exclusif de proposer la volonté générale, et de diriger la force publique, qui concentrera dans sa personne l'unité de conception et l'unité d'exécution, qui n'aura rien autre chose à penser qu'à établir la domination générale, sans avoir besoin de se préserver d'aucune domination particulière.

Cet homme, je l'appelerai *l'homme-pouvoir*.

CHAPITRE III.

De l'homme-pouvoir.

L'HOMME-POUVOIR est l'unité de l'être artificiel : c'est *la force d'impulsion* qui lui donne le mouvement et la vie.

Comme cet homme-pouvoir est un être réel, il en a nécessairement tous les avantages ; mais s'il en a tous les avantages, il en a aussi tous les inconvéniens.

L'univers obéit à un seul Dieu ; mais ce Dieu est infaillible, et son infaillibilité n'est pas séparable de son unité.

Le monde politique ne peut se passer de l'unité du gouvernement, et pour établir cette unité, la nature des choses nous a réduits à n'employer qu'un seul homme.

On ne peut pas espérer l'infaillibilité de l'homme, puisque son intelligence et sa force sont également bornées par leur propre essence.

Voyons donc maintenant comment nous allons amener l'être réel à devenir artificiel; comment la socialité ira se joindre à l'unité.

CHAPITRE IV.

Des faux systèmes.

DEPUIS qu'il existe des hommes, ils méditent sur cette question : car depuis qu'il existe des hommes, ils sentent les inconvéniens d'obéir à des volontés déréglées, et cherchent les moyens de s'en garantir. Mais faute de connaître les caractères constitutifs du gouvernement, faute de base à leur travail, ils se sont constamment trompés dans leurs moyens.

Tantôt attribuant les désordres à la réunion de la volonté et de la force, ils les ont séparés en *pouvoir législatif* et en *pouvoir exécutif :* laissant au premier corps le droit de produire la volonté générale , et au second celui seulement de la faire exécuter. C'est là ce qu'on a appelé *diviser les pouvoirs.*

Tantôt ils ont donné indistinctement à

leur pouvoir exécutif comme à leur pouvoir législatif le droit de produire cette volonté , avec la restriction toutefois de ne regarder comme telle que celle qui réunirait leur double assentiment. C'est la ce qu'on a appelé *équilibrer les pouvoirs*.

D'abord, le pouvoir est tout à la fois force et volonté ; ainsi, bien qu'on en fasse deux parts distinctes, on pourrait tout au plus dire qu'on divise *le* pouvoir, et non pas qu'on forme plusieurs pouvoirs, non pas qu'on divise *les* pouvoirs. Mais il n'est pas même vrai de dire qu'on divise le pouvoir ; parce que la volonté entraîne nécessairement la force à sa suite, et que là où est la volonté , là seulement est le pouvoir.

Si plusieurs ont le droit de produire cette volonté , *autant il y en aura qui en seront dépositaires ; autant il y en aura qui seront en état de guerre les uns contre les autres*, et l'état sera exposé à la lutte des volontés particulières. Il n'y aura pas plusieurs pouvoirs, mais une perpétuelle vascillation du seul pouvoir possible.

Quand même on pourrait former plusieurs pouvoirs, on ne pourrait pas les équilibrer.

Deux hommes égaux en force et rivaux en prétentions seraient nécessairement en guerre, s'ils n'en étaient empêchés par une force majeure ; mais cette force majeure les tient en équilibre.

A deux pouvoirs égaux en forces, et rivaux en prétentions, on ne pourrait pas opposer une force majeure ; car alors ils ne seraient plus des pouvoirs.

Des pouvoirs ne peuvent donc pas être mis en équilibre. On ne peut donc pas plus parvenir à équilibrer qu'à diviser les pouvoirs. La division et l'équilibre des pouvoirs sont donc la pierre philosophale de la politique (1).

---

(1) On verra dans la suite de cet ouvrage que les Etats qui semblent être redevables de leur prospérité à la division ou à l'équilibre des pouvoirs, la doivent en effet à l'unité du pouvoir, c'est-à-dire, à ce que leur marche réelle est en sens inverse de leur organisation apparente.

CHAPITRE V.

*Comment les lois souveraines peuvent parve-
nir à assurer la socialité des volontés de
l'homme-pouvoir.*

L'HOMME-POUVOIR est tout à la fois l'or-
gane de la volonté générale et le moteur
de la force publique. Commençons par
examiner comment les lois peuvent parvenir à socialiser ses volontés.

Il peut en avoir de trois sortes ; 1.° des
volontés qui influent sur l'organisation du
gouvernement, et qui deviendront *des lois
souveraines*, si elles sont conformes à l'intérêt général ; 2.° des volontés qui influent
sur les rapports des citoyens considérés
comme soumis au gouvernement, et qui
deviendront *des lois civiles*, si elles sont
conformes à l'intérêt général ; 3.° des volontés qui influent sur le rapport de l'Etat
avec les Etats voisins, et qui deviendront

des traités, si elles sont conformes à l'intérêt général.

Si elles ne sont pas conformes à l'intérêt général, alors ce sont des volontés déréglées dont la société doit être garantie.

Comment distinguer si la volonté de l'homme-pouvoir est une volonté générale ou une volonté déréglée? et si c'est une volonté déréglée, comment l'empêcher d'arriver jusqu'à la société?

On peut distinguer une volonté générale d'avec une volonté déréglée, puisqu'il y a une nature des choses à laquelle toutes les lois doivent être subordonnées, puisqu'il y a un type invariable auquel elles doivent être rapportées.

Pour découvrir cette nature des choses, pour connaître ce type, il faut une application longue et pénible, il faut l'étude de la vie toute entière. Il est donc nécessaire d'abord qu'il y ait des hommes spécialement et uniquement versés dans l'art social, comme il y en a de versés dans tous les autres.

Cela posé, les lois souveraines doivent cerner l'homme-pouvoir par autant de corps, qu'il peut avoir de volontés distinctes.

Ces corps, composés d'hommes spécialement versés dans l'art social, et ayant par conséquent les moyens de distinguer des volontés générales d'avec des volontés déréglées, doivent pouvoir empêcher ces dernières d'arriver jusqu'à la société.

Je les appelerai *des corps sociaux*.

CHAPITRE VI.

Des corps sociaux.

LES corps sociaux sont la socialité de l'être artificiel, comme l'homme-pouvoir en est l'unité.

Nous avons vu que celui-ci avoit *une force d'impulsion* qui donnait la vie au gouvernement. Ceux-là doivent avoir *une force d'inertie* propre à le garantir de tous les mouvemens désordonnés.

Est-ce par un autre Océan qu'est contenue la fureur de notre Océan, ou bien par un rivage?

Ce ne sont donc pas des volontés nouvelles qu'il faut opposer aux volontés de l'homme-pouvoir. Par-là on centuplerait le danger, au lieu de le prévenir. Nous n'avons besoin que d'un rivage (1).

____

(1) C'est ici surtout où je me sépare de tous les politiques modernes. Ils veulent *diviser* et il faut

J'ai dit qu'il fallait autant de corps sociaux que l'homme-pouvoir pourrait avoir de volontés distinctes, parce que les connaissances nécessaires pour constater l'utilité, soit des volontés souveraines, soit des volontés civiles, soit des traités, sont très-différentes les unes des autres; parce que ces corps doivent être plus ou moins nombreux suivant le degré de lumières qui leur sont nécessaires, et la nature des fonctions qui leur sont confiées; parce qu'enfin un seul corps pourrait devenir trop fort contre l'homme-pouvoir, en même temps qu'il serait habituellement trop faible pour les intérêts de la société.

L'homme-pouvoir doit avoir *l'initiative exclusive* de toutes les volontés générales.

---

centraliser. Ils veulent *équilibrer* et il faut *borner.*

En cherchant le moyen de faire de l'or, les alchimistes prouvèrent d'abord l'inutilité de leurs tentatives, et puis ils mirent sur le chemin des plus précieuses découvertes.

Les sectaires de la division et de l'équilibre des pouvoirs auront rendu le même service aux publicistes.

Les corps sociaux doivent en avoir *la sanction indispensable.*

Par la seule présence de l'homme-pouvoir, *la lutte des volontés particulières est prévenue;* l'unité est établie.

Par la seule présence des corps sociaux, *la volonté de l'homme-pouvoir se socialise.* Il ne leur ferait pas une proposition qu'il serait sûr de voir rejeter : il a toujours présent à la pensée ce conseil du Soleil, lorsqu'il confia son char à Phaéton. « Si vous « montez trop haut, vous embraserez la « demeure céleste; si vous descendez trop « bas, vous réduirez la terre en cendres : « à distance égale, vous n'aurez rien à « craindre. N'appuyez point à droite, vous « tomberiez dans les replis du serpent ; « n'appuyez point à gauche, vous heur- « teriez l'autel : *Inter utrumque tene.* Con- « duisez entre les deux (1). »

---

(1) Altiùs egressus cælestia tecta cremabis,
Inferiùs terras : medio tutissimus ibis.
Neu te dexterior tortum declinet in anguem,
Neu sinisterior pressam rota ducat ad aram ;
Inter utrumque tene....

Ov. Met., lib. 2.

CHAPITRE VII.

Comment les lois souveraines peuvent parvenir à assurer la socialité de la force publique.

La force publique étant essentiellement subordonnée à la volonté générale, une fois que la volonté de l'être réel que nous avons appelé *l'homme-pouvoir* a été socialisée, elle devient celle de l'être artificiel, que nous avons appelé *gouvernement*, et doit être obéie.

Mais comme l'être réel est le principal élément de l'être artificiel, il faut des précautions pour empêcher que le premier n'ait à sa disposition cette force qui ne doit appartenir qu'au second.

C'est pour cela que les lois souveraines doivent établir *des ministres*, par l'intermédiaire desquels doivent passer les volontés du gouvernement avant d'arriver à la société.

Deux attributions très-distinctes appartiennent aux ministres. Par la première, ils veillent à ce que l'homme-pouvoir ne substitue pas sa volonté particulière à la volonté du gouvernement, et remplisse ainsi les fonctions analogues à celles des corps sociaux : par la seconde, ils assurent l'exécution de ces volontés, et ne sont alors que des agens passifs.

S'il y avait des lois pour fixer le mode de nomination des ministres, elles devraient être basées sur ce double rapport.

Il n'y aurait plus d'unité, si l'homme-pouvoir ne pouvait pas les élire : il n'y a pas de socialité, si son choix n'est pas limité entre les personnes qui offrent à la société une certaine garantie qu'ils exerceront scrupuleusement la première et la plus importante de leurs attributions.

CHAPITRE VIII.

Que par ces combinaisons l'être artificiel est formé.

Ni l'homme-pouvoir, ni les corps sociaux ne sont le gouvernement; mais seulement les instrumens destinés à le produire.

Il est donc bien réellement un être artificiel; et c'est parce qu'il est un être artificiel, que la société n'a rien à redouter des passions qui n'appartiennent qu'aux êtres réels.

Si maintenant on me dit que l'homme-pouvoir agira sans la participation des corps sociaux, et même les détruira sans qu'il soit possible de l'en empêcher; ou bien que les corps sociaux usurperont l'initiative qui n'appartient qu'à l'homme-pouvoir, et même le détruiront sans qu'il soit possible de les en empêcher : je réponds qu'a-

lors l'État sera exposé à tous les inconvéniens qui résultent nécessairement, soit du
défaut d'unité, soit du défaut de socialité;
qu'il y aura des désordres et des révolutions.

Si on me disait aussi qu'au moment où
l'ennemi attaquera nos frontières, l'armée
française prendra la fuite en jetant ses
armes, je répondrais de même qu'alors la
France sera démembrée et avilie; quoique
que je sache bien que nos lois garantes de
la discipline, et nos institutions (1) si
propres à développer les sentimens d'honneur, ne permettent pas de ranger cet événement dans l'ordre des possibles.

Sans doute il est plus difficile de former
des hommes versés dans l'art social que
dans l'art militaire; mais la difficulté d'une
chose n'empêche pas son exactitude.

______

(1) Ce sont elles surtout qui nous façonnent d'une
manière si spéciale, qui assortissent tellement tout
notre être à la destination que les lois lui assignent,
que les prodiges eux-mêmes prennent rang parmi
les devoirs.

CHAPITRE IX.

De l'importance des formules.

Il est nécessaire de savoir qui est-ce qui parle de l'homme-pouvoir ou du gouvernement.

Quand l'homme-pouvoir s'adresse à un des corps sociaux, c'est séulement l'homme qui parle, et ce ne sont pas des ordres qu'il donne : il consulte ; il est en travail pour produire la volonté générale. Mais quand elle est produite, alors c'est l'être artificiel, c'est le gouvernement qui commande. C'est l'unité collective à laquelle tous doivent obéir.

Il faut donc, quand c'est l'homme-pouvoir qui parle, que le contre-seing d'un magistrat, qui peut porter le nom de *secrétaire d'état*, atteste que c'est bien véritablement l'homme-pouvoir qui a parlé, et non un autre.

Quand c'est le gouvernement qui parle, il faut une formule de plus : il faut que le contre-seing d'un *ministre*, ajouté à celui du secrétaire d'État, atteste que c'est bien là réellement la volonté du gouvernement, et non pas seulement celle de l'homme-pouvoir.

La formule usitée, *nous*..... EMPEREUR, *ordonnons*..... rend assez bien compte de ce qui s'est passé. Cette union bizarre d'un singulier avec un pluriel rappelle l'épreuve à laquelle a été assujétie la loi avant d'arriver à la société.

CHAPITRE X.

De la responsabilité.

L'HOMME-POUVOIR ne saurait être responsable, puisque les lois souveraines l'ont cerné de telle sorte, qu'il est dans l'heureuse impuissance de nuire.

Si une mauvaise loi est rendue, c'est la faute de celui des corps sociaux qui l'a sanctionnée et qui n'en a pas préservé la société.

Si un ordre contraire aux lois est exécuté, c'est la faute du ministre chargé d'examiner si la volonté que lui a transmise l'homme-pouvoir a préalablement été socialisée. Ainsi, l'inviolabilité des empereurs, des rois, et de tous ceux qui, sous quelque dénomination que ce soit, en exercent les augustes fonctions, est voulue par la nature des choses.

Les corps sociaux chargés de constater si les volontés de l'homme-pouvoir sont, ou non, des volontés générales, ne sauraient davantage être responsables pour l'exercice de leurs fonctions, puisqu'elles sont toutes intellectuelles et que les délits de l'intelligence ne sauraient trouver de juges compétens.

Mais les ministres qui ont à constater des faits sont susceptibles de délits matériels, et doivent, par cette raison, être soumis à la responsabilité.

CHAPITRE XI.

L'homme - pouvoir doit - il être électif ou héréditaire ?

LE gouvernement doit avoir tous les avantages d'un être réel sans aucun de ses inconvéniens. Au nombre des inconvéniens de l'être réel, considéré comme élément de gouvernement, il faut compter la mort.

Si l'homme-pouvoir était électif, l'être artificiel aurait les inconvéniens d'un être réel : il mourrait. Durant l'intervalle d'une élection à l'autre, toutes les volontés particulières déborderaient, et la société serait en proie à une anarchie périodique.

Dans le système héréditaire, le gouvernement ne meurt jamais.

Le roi est mort ! vive le roi ! criait dans les appartemens du palais le hérault chargé de proclamer le décès de nos monarques; exprimant bien par cette formule la rapidité de la succession au trône.

Le nombre des hommes qui font l'apprentissage d'une fonction doit être proportionné aux besoins de la société. Ici il ne faut qu'un seul homme : ainsi, quelque nombreux que soit l'État, une seule famille suffit à ses besoins, et quelque peu considérable qu'il soit, une seule famille ne l'excède pas.

L'hérédité n'est pas pour cela un privilége établi en faveur de cette famille; car ce mot de privilége emporte avec lui l'idée de l'avantage particulier de celui qui en est revêtu au détriment du droit des autres : et ici c'est l'utilité publique qui est consultée sans aucun détriment pour personne. La famille de l'homme-pouvoir vient-elle à s'éteindre par quelque circonstance ? toutes les autres familles indistinctement deviennent aptes à la remplacer.

Si ce n'est pas un privilége, c'est encore bien moins une propriété; car le possesseur ne saurait en disposer à son gré. C'est une fonction confiée à cette condition principale qu'on l'exercera : de sorte que toutes les fois qu'on s'en laisse priver , on viole la clause en vertu de laquelle on l'a reçue.

Un argument qui ne laisse pas de donner quelques partisans au système électif contre le système héréditaire , est celui du défaut de capacité dont l'ordre d'hérédité peut présenter les inconvéniens.

Si l'unité et la socialité du gouvernement sont établies (et je ne raisonne que dans cette hypothèse), alors l'argument est sans force ; car, quels que soient les qualités ou les défauts de l'homme - pouvoir , le gouvernement a sa vie spéciale, qui en est absolument indépendante.

Si l'homme-pouvoir a peu de capacité, il ne fournira pas au gouvernement de volontés nouvelles , mais il ne l'empêchera pas d'aller avec les anciennes volontés.

L'homme-pouvoir le plus incapable rend toujours le plus grand des services en empêchant la lutte des volontés particulières, il ne fait pas de bien extraordinaire ; mais il empêche toujours qu'on ne fasse beaucoup de mal ; rien ne peut lui enlever l'avantage de sa position.

Si l'homme-pouvoir a des volontés déréglées, les corps sociaux sont là. Le rivage est établi pour en préserver la société.

De distance en distance, il est bon qu'il paraisse quelque homme pour réimprimer quelque vigueur à toutes les parties de la machine, qui pourrait tendre à se relâcher et produire les lois nécessitées par le changement possible des circonstances ; mais l'expérience atteste que l'ordre d'hérédité amène ces hommes dans une proportion équivalente aux besoins de la société.

Ce n'est pas de génies extraordinaires, dont il est besoin, mais d'esprits justes et de cœurs droits. Une suite d'hommes supérieurs nous ferait plus de mal que de bien : ils nous presseraient d'un mouvement trop rapide ; ils nous épuiseraient. Notre nature ne s'accommode bien que de la modération.

CHAPITRE XII.

Les corps sociaux doivent-ils être composés de membres électifs ou héréditaires ?

Une corporation, par cela seul qu'elle est une corporation, a tous les avantages et plus que les avantages de l'hérédité. Il n'y a dans son existence aucune solution de continuité : ainsi les corps sociaux ont d'abord cet avantage qu'ils sont des corps.

Nous venons de voir que le plus grand avantage que la société retire de l'homme-pouvoir provient de sa position, et que son défaut possible de capacité a peu d'inconvéniens. Il n'en est pas de même des membres des corps sociaux ; car le grand avantage que la société en retire provient de l'étendue de leurs lumières.

S'ils étaient héréditaires, l'entrée de ces corps pourrait être interdite à ceux qui en

seraient les plus dignes ; et le second caractère constitutif de toute société, *la différence d'aptitude* à en remplir les fonctions,
serait violé dans sa plus importante application.

« Déshabille - toi (disait le maître de
Palestre à l'athlète qui se présentait pour
disputer le prix aux jeux olympiques),
« découvre ta poitrine pour que je voie
« avec certitude à quoi tu es propre » (1) ;
et il ne l'admettait au concours qu'a-
près que toutes les habitudes de son corps
lui avaient démontré qu'il avait fait un
long apprentissage de l'exercice dans lequel
il voulait concourir.

Dévoile-toi donc aussi, audacieux athlète
qui te présentes pour disputer dans les corps
sociaux le prix de la reconnaissance publique. Voyons si tu as médité sur la nature
des choses, si tu sais la cause de la prospérité et de la décadence des empires. Voyons
si les plis du travail et de la méditation,

---

(1) Platon , in Protag.

sillonnent ton front ; voyons si tu as toujours été sage parmi les braves et brave
parmi les sages : car seulement alors tu es
digne d'entrer dans la carrière.

CHAPITRE XIII.

Que toutes les lois dont je viens de développer la nécessité sont subordonnées à la nature des choses.

Ces lois établissent un seul homme-pouvoir, parce que l'homme est susceptible de s'élever jusqu'à concevoir des volontés générales. Elles établissent des corps sociaux, parce que l'homme-pouvoir peut avoir des volontés déréglées.

Elles sont donc subordonnées à la nature de l'homme.

L'homme-pouvoir dépend des corps sociaux, puisque sa volonté reste impuissante sans leur participation. Les corps sociaux dépendent de l'homme-pouvoir, puisqu'ils ont toujours besoin de sa provocation. leurs attributions sont distinctes et leurs fonctions divisées.

Ces lois sont donc subordonnées à la nature de la société.

Elles établissent l'unité, parce que le gouvernement doit avoir tous les avantages d'un être réel ; elles établissent la socialité, parce qu'il ne doit avoir aucun de ses inconvéniens.

Elles sont donc subordonnées à la nature du gouvernement.

CHAPITRE XIV.

De la liberté.

La liberté publique et particulière étant un des grands résultats que doit amener la bonne organisation du gouvernement; je ne saurais terminer ce livre sans dire ce qu'il faut entendre par ce mot de *liberté*.

Dans la supposition où tous auraient un droit égal à faire ce qu'ils voudraient, il n'y aurait ni liberté publique ni liberté particulière; car chacun conserverait toujours le droit de priver un autre de cette faculté.

Les lois nous ont donc sagement assigné la borne que nous ne devons point dépasser.

L'espace qu'elles nous laissent à parcourir constitue *notre liberté particulière* : celui qu'elles nous interdisent, constitue *la liberté publique*.

De quelque manière qu'on s'y prenne,

on est toujours ramené à ce point ; obtenir l'unité et la socialité du gouvernement : car, comme, en dernière analyse, il n'y a ni liberté publique ni liberté particulière sans obéissance aux lois, le point de la difficulté consiste à ce que le mode de faire les lois en garantisse la bonté.

Si les lois n'assurent pas les deux caractères constitutifs du gouvernement, il est indubitable, ou qu'elles ne laissent pas aux citoyens tout l'espace qui leur est nécessaire, ce qui fait qu'il n'y a pas assez de liberté particulière, ou qu'elles leur en laissent trop, ce qui fait qu'il n'y a pas assez de liberté publique.

LIVRE IV.

Application de la pratique à la théorie.

CHAPITRE PREMIER.

Des caractères de la démonstration.

JUSQU'ICI je n'ai présenté que des idées *abstraites*, c'est-à-dire isolées des faits auxquels il m'a fallu les enlever, *abstrahere.*

Maintenant, comment changer ces idées abstraites en idées *démontrées?*

En exposant les faits auxquels je les ai enlevées ; car une démonstration n'est autre chose qu'une abstraction à laquelle on a adapté les faits qui doivent lui servir de base.

Toutes les idées sont abstraites quand elles sont justes (1); sinon, elles sont des *suppositions*, et non pas des abstractions.

Quand le géomètre dit *que les trois angles d'un triangle sont égaux à deux droits*, il énonce une idée abstraite. Si on

- - -

(1) *On dit qu'un discours est abstrait, quand il est trop métaphysique, trop éloigné des idées communes.* Dictionnaire de l'Académie.

Il est très-vrai qu'on dit cela; mais il ne l'est pas moins qu'on a tort de le dire. Lorsque l'étymologie d'un mot est aussi précise que celle-là et emporte avec elle un sens aussi déterminé, *trahere ab*, enlever, tirer de, il ne doit pas être permis à ceux qui parlent ou qui écrivent, de l'employer d'une manière entièrement étrangère à ce sens et à cette étymologie. Je crois donc que l'académie a eu tort de consacrer l'élocution que je viens de citer.

Un dictionnaire est destiné à fixer le sens des mots; mais ceux qui le rédigent ont une base à leur travail, et cette base c'est l'étude des radicaux, si la langue dont ils s'occupent est congénérée d'une autre langue.

De cette manière, la valeur de chaque mot serait susceptible de démonstration, puisqu'on pourrait toujours adapter le radical à sa définition; et c'est précisément ce que je viens de faire.

la lui conteste, alors il inscrit un triangle dans un cercle, prend un compas et adapte le fait à la proposition qui lui sert de base : il fait une démonstration.

Quand le chimiste dit que l'air qui sert à la respiration est composé d'*oxigène* et d'*azot*, il énonce une idée abstraite. Si on la lui conteste, il prend de l'air, en sépare les parties constituantes, et adapte le fait à la proposition qui lui sert de base : il fait une démonstration.

Quand Newton voyant tomber une poire d'un arbre, soupçonna qu'elle ne *tombait* point, mais qu'elle était *attirée*, et partant de ce premier aperçu, dit que la terre et toutes les planètes qui circulent avec elle dans l'espace obéissaient à une semblable *attraction*, il énonça une idée abstraite.

On la lui contesta, et Newton ne tenait pas en ses mains comme le géomètre, comme le chimiste, les moyens de faire la démonstration. Mais la terre et les planètes, adaptèrent si constamment leurs évolutions à sa proposition ; tout ce qui jusques-là avait été obscur et inintelligible devenait par cette découverte si facile à expliquer, que, malgré le poids des autorités opposées, malgré même le témoignage des sens révoltés, la doctrine de Newton fut bientôt regardée comme démontrée.

J'ai dit que l'homme ne pouvait se passer de la société, et par-tout l'homme vit en société, par-tout le fait s'adapte à la proposition qui lui sert de base.

J'ai dit que la société ne pouvait se passer de gouvernement, et il n'y a aucune société qui n'ait une forme quelconque de gouvernement, et on ne saurait citer un seul fait destructif de ma proposition.

Ce sont donc là des vérités aussi exactement démontrées, que si elles étaient géométriques ; car la géométrie n'est point, par sa nature, une science plus exacte qu'une autre, mais seulement celle dont la démonstration est la plus facile.

J'ai ajouté que l'unité et la socialité étaient les caractères constitutifs du gouvernement : voyons si ce n'est là qu'une pure suppo sition et non une abstraction ; voyons si cette assertion repose réellement sur des faits, si elle est susceptible de devenir une démonstration.

CHAPITRE II.

Conditions de cette démonstration particulière.

J'ai deux choses à démontrer : la première, que l'unité et la socialité sont les caractères constitutifs du gouvernement ; la seconde, que notre tâche est de leur subordonner les lois que nous avons à créer.

Pour le succès de cette démonstration il faut aussi deux choses : la première, que l'expérience montre ces caractères dans tous les systèmes possibles, même dans ceux où les lois pourraient les proscrire ; car s'il y a quelque système dans lesquels ils ne se trouvent pas, il est faux de dire qu'ils sont inhérens à la nature des choses : la seconde, que ce soit encore l'expérience qui montre l'ordre ou le désordre des empires correspondant exactement à l'existence ou au défaut de lois garantes de cette unité et de cette socialité ; car s'il se trouve quelque nation qui ait long-temps duré sans leur assistance, ou qui ait disparu, malgré leur appui, il est faux de dire que notre tâche est de subordonner nos lois à ces caractères.

Par exemple, les lois républicaines proscrivent l'unité ; car dès le moment où un seul homme a le droit exclusif de produire la volonté générale, il n'y a plus république. Les lois monarchiques repoussent la socialité ; car dès le moment où aucune volonté du monarque ne peut devenir loi sans la participation de quelque corps social, il n'y a plus monarchie (1).

---

(1) Le gouvernement a deux caractères également indispensables à son existence, l'unité et la socialité. Le monarque en est l'unité ; mais cette unité n'est qu'une des parties du gouvernemen, et non pas le tout. Ainsi, bien qu'il y ait un monarque dans le véritable gouvernement, cela ne fait pas que ce gouvernement soit monarchique, pas plus qu'il n'est républicain, bien qu'il y ait des corps sociaux.

Il faudrait un mot qui exprimât tout à la fois le double caractère constitutif de son être.

Eh bien, pour qu'il soit démontré que cette unité et cette socialité sont réellement les caractères constitutifs du gouvernement, il faut que l'expérience montre d'une part que la république ne subsiste que parce que l'unité que les lois républicaines proscrivent parvient à triompher de tous les obstacles qu'elles lui opposent ; que la monarchie ne subsiste que parce que la socialité que les lois monarchiques repoussent parvient à triompher de tous les obstacles qu'elles lui opposent : il faut, dis-je, que l'expérience montre cela d'une part, et que de l'autre elle atteste encore que la république ne périt que par le défaut de lois garantes de cette unité, comme la monarchie par le défaut de lois garantes de cette socialité.

Consultons l'expérience.

CHAPITRE III.

République.

« LORSQUE dans une république, dit Mon-
« tesquieu, le peuple en corps exerce la
« souveraine puissance, cela s'appelle une
« *démocratie* : lorsque c'est seulement une
« partie du peuple, cela s'appelle une *aris-*
« *tocratie* (1).

Ainsi la démocratie n'est qu'une aristocratie très-étendue ; ou, si l'on veut, l'aristocratie n'est qu'une démocratie très-res-
serrée : il est même impossible de marquer
où l'une finit et où l'autre commence, si
l'on veut s'attacher à un point qui ne soit
pas arbitraire.

En traitant de la république, je traite
donc également de la démocratie et de
l'aristocratie.

____

(1) ESPRIT DES LOIS, liv. 2, chap. 2.

Ce qui caractérise la république, c'est le droit abandonné à un nombre d'hommes plus ou moins considérable, de produire la volonté générale; car s'il était réservé à un seul homme, bien que celui de la faire exécuter fût ensuite confié à un autre et même à plusieurs autres, le système serait plutôt monarchique que républicain.

La force étant essentiellement subordonnée à la volonté, c'est la manière dont cette volonté est produite qui doit déterminer le caractère dominant de système.

Des deux caractères constitutifs du gouvernement, la république en rejette un, c'est le premier; et adopte le second, auquel il semblerait que toutes ses lois sont uniquement subordonnées.

On dirait qu'elle redoute à telle point *la force d'impulsion*, qu'elle n'a constitué *qu'une force d'inertie*. En effet, si une grande partie du peuple a le droit de participer à la volonté générale, ce n'est qu'afin d'avoir la plus forte garantie possible qu'il ne laissera passer aucune volonté contraire à ses intérêts. On dirait que c'est la mer qui manque au rivage et non le rivage à la mer.

Eh bien, quoi que fassent les lois républicaines, la nature des choses commence par prendre son empire, l'unité commence par s'établir et *l'homme-pouvoir* paraît.

Plus même la république est démocratique, plus l'homme à caractère, l'homme à passions fortes se fait facilement jour; et c'est là le secret de ces lueurs si brillantes que jettent de distance en distance les démocraties sur l'horison politique.

Lisez l'histoire de toutes ces républiques de l'ancienne Grèce, et à chaque époque vous apercevrez clairement l'homme sur lequel va momentanément se reposer l'unité. Tantôt c'est Alcibiade et tantôt Périclès (1). Je dirais, jour par jour (2), quel était

______

(1) Si je voulais faire ici un volume de citations, je ne serais pas embarrassé : le lecteur n'aura pas de peine à y suppléer.

(2) Au lieu de *jour par jour*, je pourrais dire, *heure par heure*. M. d'André, membre de l'as-

l'homme - pouvoir pendant tout le temps qu'a duré notre révolution.

Voyez les Romains, dont le souvenir ébranle encore aujourd'hui toûtes les puissances de l'imagination ; ne regardez-vous pas comme l'homme-pouvoir, comme dépositaire de l'unité cet audacieux tribun dont l'éloquence entraînait tous les suffrages.

Des volontés rivales venaient-elles à s'élever et à mettre, par leur lutte, l'État en péril, la loi elle-même ramenait l'unité par la nomination du dictateur. Pour conserver la république on avait recours à la monarchie ; car Rome avait tous les systèmes : et cet étonnant amalgame a produit les plus étonnans résultats.

C'est donc à cette unité qu'elle proscrivait que la république romaine dut son

---

semblée constituante, s'appelait assez plaisamment lui - même *le roi d'onze heures*. En effet, jusqu'à midi, il était maître des délibérations ; mais alors arrivaient des hommes plus influens qui lui ravissaient la parole et le sceptre.

existence et son éclat. Je dis plus, je dis que cet éclat n'est que l'effort même de l'unité pour parvenir à se constituer.

Ce n'est pas là une supposition, c'est une abstraction à laquelle je viens d'adapter les faits d'où je l'avais tirée, c'est une démonstration.

Quel fut d'ailleurs l'effet de cette tentative des lois pour proscrire l'unité ?

Qu'elle allait vascillant sans cesse d'une tête sur une autre, d'un patricien sur un plébéien, de Marius sur Sylla. L'opinion qu'on avait adoptée la veille, il fallait l'abandonner le lendemain. Celui qu'on se disposait à conduire au capitole, il fallait le précipiter de la roche Tarpéienne ; et l'État était en proie à tous les désordres inséparables de cette lutte de volontés et d'opinions contradictoires.

Pour trouver d'autres exemples, je n'ai pas besoin d'aller fouiller dans l'histoire des temps passés. Ceux qu'offre la France sont assez frappans et si présens à toutes les pensées qu'il serait superflu de les rapporter.

Les

Les causes des troubles de la République française furent, comme celles de la République romaine, dans le défaut de lois garantes de l'unité.

Ce n'est pas là une supposition, c'est une abstraction à laquelle je viens d'adapter les faits qui lui servent de base : c'est donc une démonstration.

Toutes les deux furent des météores politiques qui ont également rempli l'univers d'admiration et d'épouvante. Toutes les deux disparurent quand l'unité eut trouvé pour se reposer une tête qui pût en porter le poids. Pour l'une comme pour l'autre, l'événement pouvait être retardé; mais ni pour l'une ni pour l'autre il ne pouvait être empêché. Rien ne peut détruire la nature des choses.

Montesquieu a cherché quelles étaient les lois propres à conserver la république : je n'en connais qu'une.

Comme elle tend à se détruire par son propre éclat, il faudrait que, chaque jour, le citoyen le plus utile fût dévoué ou au supplice ou à l'exil. Comme l'unité, destructive de ce système, fait un effort constant pour se reposer sur l'homme le plus recommandable, le salut public exigerait qu'il fût sacrifié. Pour conserver le gouvernement, il faudrait détruire les gouvernés les uns après les autres.

CHAPITRE IV.

D'un adage de Rousseau.

« S'IL y avait un peuple de Dieux, dit
« Rousseau, il se gouvernerait démocrati-
« quement. Un gouvernement si parfait ne
« convient pas à des hommes. »

Nous venons de voir que ce qui fait sub-sister la république parmi les hommes, c'est que dans la lutte des volontés parti-culières la plus forte assure nécessairement son triomphe et constitue l'unité, pre-mier élément du gouvernement.

Dans une société de Dieux, il n'en serait pas ainsi.

Ou ces Dieux auraient tous une volonté uniforme et infaillible, et alors ils ne se-raient pas une société; ils n'auraient pas besoin de gouvernement, car ils ne feraient qu'un seul Dieu.

______

(1) Contrat Social, chap. 4, liv. 3.

8 *

Ou bien ils auraient des volontés aussi fortes les uns que les autres, mais pas nécessairement les mêmes, et alors ils seraient dans un état de guerre forcé sans possibilité de triomphe.

Les anciens, qui admettaient plusieurs Dieux, reconnaissaient entre eux une certaine hiérarchie et une différence dans leurs attributions respectives. Il y avoit le maître des Dieux, auquel tous les autres étaient forcés d'obéir. Une fois le principe de la pluralité des Dieux admis, du moins la nature des choses n'était pas choquée dans ses conséquences.

Les Dieux pourraient donc encore moins que les hommes, se gouverner démocratiquement; et s'il y avait plusieurs Dieux, ils seraient réduits à former un gouvernement qui aurait les caractères constitutifs de son être, l'unité et la socialité.

Dans le chapitre précédent, j'ai détruit la démocratie réelle : dans celui-ci, j'ai détruit la démocratie idéale.

CHAPITRE V.

Monarchie.

QUAND la république périt, c'est-à-dire quand l'unité se constitue d'une manière invariable sur une seule tête, ce n'est pas, à proprement parler, un gouvernement qui finit (car la république n'est qu'un état de passage, qu'un effort violent fait par la société pour se constituer,); ce n'est pas, dis-je, un gouvernement qui finit, mais c'en est un qui commence; et ce gouvernement c'est la monarchie.

Je viens de dire que si un seul homme avait le droit de produire la volonté générale, bien qu'ensuite celui de la faire exécuter fût confié à un autre ou même à plusieurs autres, le système serait plutôt monarchique que républicain : par conséquent, si le droit de produire cette volonté était accordé à plusieurs hommes, bien qu'ensuite celui de la faire exécuter fût confié à un seul, le système serait plutôt républicain que monarchique.

La force étant essentiellement subordonnée à la volonté, c'est la manière dont cette volonté est produite qui détermine le caractère dominant du système.

Si les lois républicaines proscrivent l'unité, les lois monarchiques repoussent la socialité : car il est aussi difficile de faire entendre à un monarque que la limite de son pouvoir en ferait la force, à un être réel qu'il doit être artificiel, qu'il le serait de faire entendre à des républicains qu'il leur faudrait un monarque; et c'est cependant ce que commande la nature des choses.

Nous venons de voir d'abord que l'unité triomphe de tous les obstacles que lui opposent les lois républicaines; ensuite que la république périt faute de lois garantes de cette unité. Nous pouvons voir de même dans la monarchie, d'abord que la socialité parvient toujours à s'établir malgré les obstacles que les lois lui opposent , ensuite que toutes les monarchies périssent par le défaut de lois garantes de cette socialité (1).

Le pouvoir est comme un fleuve qui doit à sa captivité dans les rives qui le contiennent de conserver toujours la même abon-

---

(1) Au milieu de toutes ces nations qu'on voit périodiquement le jouet des révolutions dans leur système ; il en est une qui cache dans la nuit la plus reculée des temps l'immuabilité de son organisation, c'est la Chine.

Où peut être la raison de ce phénomène ?

Les lois chinoises garantissent l'unité dans la personne d'un empereur héréditaire , et la socialité dans les diverses classes de mandarins électifs.

A chaque loi chinoise est jointe une institution qui dispose les esprits à l'obéissance : et *comme de l'harmonie entre les institutions et les lois résultent les mœurs*, les Chinois ont des mœurs.

Or, une nation chez laquelle les lois garantiraient l'unité et la socialité, caractères constitutifs du gouvernement, et à qui les institutions formeraient des mœurs en harmonie avec les lois, n'aurait aucun germe de révolution dans son système, parce que les révolutions ne sont autre chose que les efforts

dance et la même majesté; tandis qu'un torrent, après avoir tout entraîné dans son cours déréglé , finit par disparaître lui-même.

Parcourons rapidement l'histoire de France , et voyons si les faits viendront s'a-

---

de la société pour parvenir à sa meilleure organisation.

Ce n'est pas là toutefois la position du gouvernement chinois. L'autorité de l'empereur, qui est très-bien limitée par rapport aux choses, est absolue par rapport aux personnes ; c'est-à-dire que l'empereur ne pourrait pas , sans la participation des mandarins , faire une loi nouvelle ni en détruire une existante ; mais il peut ordonner de frapper ; il peut même condamner à des peines capitales , sans que les lois offrent à ses sujets les garanties nécessaires contre l'injustice et la violence.

Ce pays jouit de la liberté politique et n'a point de liberté civile.

Il en résulte , et je prie qu'on remarque ce résultat qui confirme entièrement mon sens ; il en résulte, dis-je , que l'autorité de l'empereur est toujours respectée et sa personne toujours en danger. Les changemens dans les dynasties chinoises sont aussi fréquens qu'en aucun autre lieu du monde. C'est *l'effort que fait cette société* pour obtenir la liberté civile.

dapter aux principes que j'ai posés tant sur la monarchie que sur la république ; car l'ancien gouvernement de la France a toujours été un système monarchique enclavé dans un système républicain.

CHAPITRE VI.

Gouvernement de la Gaule.

Les Gaulois, nos illustres aïeux, formoient sur ce sol que nous habitons une foule de petites nations qui avoient chacune leur gouvernement à part, et toutes étaient unies par un gouvernement général.

On a dit que leurs gouvernemens particuliers étaient républicains, parce qu'on ne prend pas ordinairement ce mot de république dans l'acception qui doit lui appartenir.

Malgré le petit nombre de notions qui nous restent de ces temps reculés, on peut encore reconnaître d'abord l'unité constituée dans la personne d'un chef dont les fonctions étaient ordinairement aussi courtes que son titre était modeste, et ensuite la socialité dans des assemblées au milieu desquelles ces chefs faisaient les lois.

Comme il est plus que probable que, hors du temps de ces assemblées, ce chef avait des fonctions illimitées sur beaucoup de points, le gouvernement se trouvait monarchique. Comme ensuite, quand ces assemblées étaient réunies, il est plus que probable que l'initiative de la loi ne leur était pas interdite, le gouvernement se trouvait républicain.

Les gouvernemens particuliers de la Gaule tenaient donc tout à la fois de la monarchie et de la république : en effet l'histoire des Gaules présente simultanément le double résultat attaché à l'un et à l'autre de ces systèmes.

Quant au gouvernement général, il était nécessairement républicain, puisqu'il était formé par les principaux de chaque nation, qui apportaient tous des droits semblables à la réunion.

J'ai dit que le système républicain tendait à devenir monarchique, et cela est invariable quand le gouvernement est permanent.

Celui-ci n'était que périodique. Il se réunissait à certaines époques, et se dissolvait de même ; de sorte que sa suspension prévenait sa dissolution (1).

L'inconvénient du système républicain est ce défaut d'unité qui rend impossible la constance et l'uniformité des mouvemens. Cet inconvénient perdit la Gaule. Il fut cause que ces nations, dont une seule aurait suffi pour inspirer la terreur à toutes les armées romaines (2), furent subjuguées les unes après les autres par une seule armée de Rome.

---

(1) Plusieurs états d'Europe ont encore de ces assemblées périodiques, dont tous les membres indistinctement ont l'initiative des propositions qui peuvent y être faites. Si jamais elles devenaient permanentes, l'unité ne tarderait pas à s'y constituer : ainsi elles se détruiraient en croyant s'affermir.

(2) On connaît ce décret du sénat portant que dans le cas d'une invasion des Gaulois, ni les vieillards, ni les prêtres ne seraient exempts de prendre les armes.

Toutes les républiques sont conquérantes et cependant faciles à conquérir. Comment expliquer cette contradiction?

La force offensive des républiques est très-grande, parce que chaque soldat fait la guerre avec la passion d'un souverain qui combat pour son propre compte. C'est pour cela qu'elles sont conquérantes.

Leur force défensive est ordinairement médiocre, parce que pour peu que l'ennemi commence par quelque avantage, chaque parti s'impute le désastre. Celui qui n'est pas dominant n'est d'ailleurs pas fâché de voir humilier celui qui domine; les factions redoublent d'activité et de puissance quand il serait nécessaire que les factions suspendissent leurs débats. C'est pour cela qu'elles sont facilement conquises.

Rome attaquée par une poignée de Gaulois ne dut son salut qu'aux oiseaux du Capitole, et les Gaulois furent vaincus par une poignée de Romains.

Il faut entendre César lui-même raconter comment il tira parti de cet esprit de faction qui fait la faiblesse des républiques attaquées (1).

Un état bien redoutable est celui qui vient de passer de la république à la monarchie, parce qu'il conserve long-temps encore la force offensive de la république en même temps qu'il prend la force défensive qui appartient plus spécialement à la monarchie.

---

(1) In Gallia non solum in omnibus civitatibus, atque in omnibus pagis partibusque, sed pene etiam in singulis domibus factiones sunt.....

Cùm Cæsar in Galliam venit, alterius factionis principes erant Ædui, alterius Sequani. Ii cùm per se minùs valerent, quòd summa auctoritas antiquitus erat in Æduis, magnæque eorum erant clientelæ, Germanos atque Ariovistum sibi adjunxerant, eosque ad se magnis jacturis pollicitationibusque perduxerant. Prœliis verò compluribus factis secundis, atque omni nobilitate Æduorum interfectâ, tantùm potentiâ antecesserant, ut magnam partem clientium ab Æduis ad se traducerent..... .

Adventu Cæsaris, factâ commutatione rerum, obsidibus Æduis redditis, veteribus clientelis restitutis, novis per Cæsarem comparatis....., etc., etc.
Commentaires de César, liv. 6.

CHAPITRE VII.

Gouvernement des Francs. — Première race.

Après la conquête de la Gaule, César détruisit le gouvernement général, et mit ses créatures à la tête de chaque gouvernement particulier. *J'ai fait votre ami roi d'une contrée de la Gaule*, écrivoit-il à Cicéron.

Plus les Gaulois avaient été autrefois redoutables, plus les Romains s'efforcèrent de les opprimer. Ils les accablèrent d'impôts, de vexations ; ils leur ôtèrent leurs lois et leurs coutumes. Aussi, lorsque les Francs se présentèrent, ils furent reçus plutôt comme des libérateurs que comme des ennemis.

. La politique des Francs dut donc être opposée à celle des Romains. Par le seul fait de leur établissement, la Gaule recouvra son gouvernement général ; mais elle le recouvra autre qu'elle ne l'avait perdu.

L'unité y fut établie permanente dans la personne d'un roi héréditaire ; tandis que dans le gouvernement général des Gaulois il n'y avait ni permanence ni unité. La socialité y fut établie dans les assemblées générales du champ de Mars ; mais elle ne fut que périodique. Cette partie du nouveau gouvernement conserva le caractère de l'ancien ; et ce fut un grand défaut d'appui pour l'unité (1).

Quant aux gouvernemens particuliers, les empereurs romains en avaient nommé les chefs. Les rois francs se trouvaient substitués aux droits des empereurs romains. Ils mirent donc à la tête de chaque division, tantôt des *comtes*, des *barons*, des *marquis*. Mais un marquis avait les mêmes

---

(1) En supposant toutefois que ces assemblées qui formaient la socialité du gouvernement n'auraient eu que *la force d'inertie*, sans qu'aucun de ses membres aient pu prendre *l'initiative* qui constitue *la force d'impulsion* ; et on pourrait croire qu'il en était ainsi. *Lex fit* CONSTITUTIONE *regis et* CONSENSU *populi*, dit un de nos capitulaires.

droits

droits dans son marquisat qu'un comte dans son comté ; et la différence du nom n'en forma pas d'abord dans la hiérarchie de l'autorité.

Tant que dura l'indépendance de la Gaule, il ne put pas y avoir de lutte entre les gouvernemens particuliers et le gouvernement général , parce que ce dernier n'était que momentané et le simple délégué des premiers. Après la conquête des Romains , ces gouvernemens particuliers se trouvèrent dans une dépendance absolue du gouvernement de Rome , et la résistance leur était bien difficile. Mais, lors de l'établissement des Francs, il y eut bientôt conflit entre leurs autorités respectives.

Comme ces barons, ces comtes, ces marquis succédoient aux anciens chefs des divers gouvernemens de la Gaule, ils réunissaient sur leur tête la jurisdiction civile et militaire ; ils levaient des impôts : en un mot, ils étaient des rois particuliers. La position du roi général n'était donc pas favorable.

Dans tous les États le sacerdoce doit être une fonction qui entre dans le système politique et qui empêche l'exercice d'aucune autre fonction. Au lieu de cela, ce fut une particularité des prêtres chrétiens, qu'on les vit tout à la fois, généraux à la guerre, magistrats dans les comtés, et prêtres à l'autel.

Les rois se trouvèrent donc encore dans une position plus mauvaise par rapport aux prêtres que par rapport aux comtes et aux marquis.

Il n'y avait pas assez de force au centre, et il y en avait trop à la circonférence. Ce qu'il y avait de gouvernement général tendait à se détruire, et les gouvernemens particuliers tendaient à l'indépendance complète.

Un seul avantage restait au roi, c'est que ces barons, ces comtes, étaient amovibles à sa volonté, et qu'alors il ne leur laissait pas le temps de se rendre redoutables. Mais lorsque Clotaire se fut engagé par serment à ne point ôter à Warnachaire sa place de maire tant que celui-ci vivrait (1), à l'instant les maires élevèrent impunément à côté de la volonté du roi une volonté rivale. Les comtes, les évêques, les marquis s'étant déclarés pour celle de ces deux volontés qui leur était le plus favorable, le monarque dut succomber.

____

(1) Sacramento à Clotario accepto ne unquàm vitæ suæ temporibus degradaretur. *Chronique de Frédégaire.*

CHAPITRE VIII.

Réflexions sur la première race.

Il y avait unité et socialité dans le gouvernement général. Ce n'est pas là une supposition ; c'est une abstraction à laquelle j'ai adapté les faits qui lui servaient de base : c'est donc une démonstration.

Cependant le gouvernement fut détruit, non pas quand les Carlovingiens succédèrent aux Mérovingiens : on pourrait dire plutôt qu'alors il fut rétabli ; mais le jour où les maires du palais purent produire une volonté rivale de la volonté royale, il n'y eut plus d'unité, et le gouvernement devint aristocratique de monarchique qu'il étoit.

L'aristocratie commence à l'instant même où finit l'unité. Deux personnes ayant un droit semblable à produire la volonté générale constituent l'aristocratie la plus resserrée possible ; mais enfin constituent l'aristocratie.

Quelles circonstances amenèrent cette révolution ?

Elles n'ont pas échappé aux historiens. Les comtes , les marquis, les barons se plaignaient sans cesse dans les assemblées du champ de Mars qu'on les dépossédât arbitrairement de leur comté et de leur marquisat. Après les terribles régences de Frédégonde et de Brunéhault, leurs plaintes redoublèrent , parce qu'à l'inconstance ordinaire du gouvernement ces deux femmes joignaient encore l'inconstance naturelle à leur sexe; et nul n'était sûr de posséder le lendemain la place qui lui avait été confiée la veille.

Il fallait que le mal fût extrême ; car tout le monde s'entendit sur la nécessité du remède, et le roi lui-même entra dans la conspiration dirigée contre la royauté.

Au lieu d'établir *une force d'inertie* pour garantir les chefs des gouvernemens particuliers de l'inconstance des volontés du monaque, on établit *une force d'impulsion nouvelle*. Du maire on fit un véritable roi; et comme alors il y eut deux rois, le gouvernement fut aristocratique. Mais on ne vint cette aristocratie que parce que la monarchie manquoit de lois garantes de la socialité.

Ce n'est pas là une supposition; c'est une abstraction à laquelle j'ai adapté les faits qui lui servaient de base : c'est donc une démonstration.

CHAPITRE IX.

Du combat judiciaire.

JE viens de montrer le commencement de cette lutte entre les gouvernemens particuliers et le gouvernement général, dans laquelle celui-ci, après une si longue suite d'échecs, finit cependant par un triomphe. On n'entendrait rien à ce triomphe, si je ne faisais pressentir une des causes qui a le plus contribué à l'amener

Les Romains avaient ôté aux Francs leurs lois et leurs usages; les Francs leur permirent de les reprendre. Pourvu que tous obéissent à la loi générale du service, il étoit libre à chacun de choisir sous quelle loi particulière il lui convenait de vivre. Beaucoup donc abondonnèrent la loi romaine. Mais au lieu de retourner à leurs anciennes lois, ils prirent celles des Francs.

Or la loi des Francs était de ne reconnaître dans leurs rapports entre eux d'autre loi que la force.

Les hommes étaient comme des nations qui ne seraient unies entre elles que pour la défense commune, et qui, dans leurs relations respectives, se conduiraient uniquement par le droit des gens.

Dans le cas d'une injustice ou d'un mauvais traitement fait à quelqu'un, la famille de l'offensé entrait en guerre avec l'offenseur, et cette guerre ne pouvait se terminer que par la mort ou par une espèce de traité qu'on appelait *satisfaction* (1).

Plus les gouvernemens se divisèrent, plus cet usage s'étendit; et quand chaque canton fut devenu comme un État à part, tous eurent cependant ce point d'analogie qu'ils adoptèrent la loi du combat judiciaire.

______

(1) Suscipere tam inimicitias seu patris seu propinqui, quàm amicitias; necesse est : nec implacabiles durant. Luitur enim etiam homicidium certo amentorum pecorum aut numero, recipitque *satisfactionem*

Il en résulta que malgré la division des gouvernemens, les mœurs se trouvèrent par - tout semblables, et qu'une pente insensible devait infailliblement ramener sous le même gouvernement tous ceux qui avaient les mêmes mœurs.

---

universa domus : utiliter in publicum, quia periculosiores sunt inimicitiæ juxta libertatem.

TACITE. De moribus Germanorum.

Ce mot de *satisfaction* appaise encore aujourd'hui nos duels.

CHAPITRE X.

Seconde race.

L'AUTORITÉ déjà si faible des rois Méro-vingiens diminua encore en passant aux Carlovingiens. Si les maires prirent la place des rois, les comtes et les barons prirent la place des maires; c'est-à-dire que les duchés, les comtés et les fiefs (1) devinrent inamovibles précisément comme l'avait été la mairie.

Charles Martel, qui est le véritable fondateur de la 2.ᵉ race, poussa trop loin la reconnaissance pour quelques comtes, ou qui l'avaient aidé ou qui ne s'étaient pas déclarés contre lui. Il voulut que leur comté

____

(1) On sait que les *fiefs* ou *bénéfices* étaient des terres que les rois distribuaient pour récompenser des services ou s'attacher des créatures.

passât après eux à l'aîné de leurs enfans mâles, à la seule condition de *l'hommage*. Il prépara la destruction de ce qui restait *de royauté générale* et établit à sa place *la suzeraineté*, mot qui désigne le genre particulier d'autorité que conservèrent les monarques de la seconde race sur des fonctionnaires qui vont devenir *de grands vassaux*.

Les inconvéniens de ce nouvel ordre de choses ne se firent pas d'abord sentir dans toute leur étendue, parce que Charles Martel et les deux princes qui lui succédèrent, occupèrent continuellement les Français à la guerre, et que les lois relatives au service militaire restaient en vigueur. Mais lorsque la mort de Charlemagne eut fait dans le monde ce grand vide dont il resta si long-temps étonné, on put mesurer toute la profondeur du mal.

Charlemagne avait tout le génie nécessaire pour changer les destinées de la France et fixer celle de sa race. Par malheur il prit le préjugé dominant de son temps, et il le prit avec toute la violence d'une ame forte. Il fallait un héros politique, il fut un héros religieux.

L'autorité du clergé (1), déjà si grande avant lui, s'accrut encore de toute l'influence que lui donnèrent ses lois et ses exemples; et après ce qu'il avait fait en sa faveur, il devenait presque impossible de la borner.

Ce n'est pas pour les hommes extraordinaires que sont établies les institutions humaines, il faut qu'elles puissent s'accommoder d'une nature médiocre et même résister à une nature vicieuse.

---

(1) A leur puissance réelle les prêtres joignaient encore une énorme puissance d'opinion. Ils avaient toute l'influence des prêtres payens auxquels ils succédaient, et toute l'influence des dogmes nouveaux qu'ils enseignaient.

C'est évidemment des premiers qu'ils empruntèrent ces anathèmes, ces excommunications qui ont tant fait de mal à la société et à la religion. Elle n'a rien dans ses augustes dogmes qui autorise de semblables abus, et c'est son caractère spécial que, tandis que les autres commandent d'éclatantes expiations, elle se contente d'un simple repentir.

Sans doute, Louis le Débonnaire était faible; mais aussi les circonstances qui l'environnaient étaient bien fortes. Il venait de triompher des Danois, des Huns, des Sarrasins : il avait mis l'ordre dans sa famille; il voulut aussi le mettre dans le clergé (1). On sait à quel excès d'humiliation il fut réduit pour cette infructueuse tentative.

Une fois que l'autorité fut avilie, elle fut perdue sans ressource. Non-seulement le clergé ne fut plus soumis à la couronne; mais il en disposa comme de son patrimoine.

Cet étrange abus, qui dura pendant si long-temps, avait des causes jusqu'auxquelles il faut remonter.

Chez les peuples anciens la religion était toute politique. Chaque nation avait

______

(1) Il se mêla bien avant de la réformation des ecclésiastiques : entre autres choses, dans l'assemblée d'Aix-la-Chapelle, il fit composer une règle pour les chanoines, tirée des écrits des Saints Pères; commanda aux bénédictins d'observer la leur ; envoya des commissaires dans les provinces pour

ses dieux à part, ainsi que ses lois. Quand on était constitué en dignité, cela prouvait qu'on était protégé des dieux ; quand on était condamné à une vie obscure, cela prouvait qu'on en était dédaigné : de sorte que la classe la plus nombreuse se trouvait tout à la fois abandonnée des hommes et des dieux.

JÉSUS-CHRIST vint au monde pour rétablir l'équilibre. A la classe dédaignée des hommes il offrit son royaume éternel, et peu s'en fallut qu'il n'en exclût l'autre.

Indépendamment des moyens divins qu'il nous est impossible de pénétrer, et qui garantissent la religion chrétienne de toutes les atteintes ; ne renfermât-elle que cette pensée, elle est impérissable : et elle est

---

retrancher la simonie, le luxe, le faste et autres abus du clergé, et obligea enfin les évêques à se réformer, au moins en apparence, et de quitter le baudrier, la ceinture dorée, la dague à garde enrichie de pierreries et les éperons, ce qui lui attira la haine des gens d'église, entre lesquels le nombre des méchans était alors le plus grand.

Mezeray, vie de Louis le débonnaire.

impérissable, parce qu'elle est nécessaire au monde.

Il dut arriver néanmoins que les gouvernemens proscrivirent une semblable innovation et en persécutèrent tous les partisans.

Une fois les chrétiens proscrits, ils furent réduits à former des sociétés à part.

Mais une société ne saurait exister sans une forme quelconque de gouvernement.

Les caractères constitutifs du gouvernement sont l'unité et la socialité.

Chaque société de chrétien eut donc l'unité du gouvernement dans la personne d'un *pape* (1), et la socialité dans l'établissement d'une *église* ou réunion des fidèles.

Ces premières sociétés de chrétiens ayant tout à la fois à se garantir des persécutions et à s'occuper de leurs dogmes, il en dut résulter que le temporel et le spirituel furent confondus.

---

(1) On sait que tous les évêques portèrent d'abord le nom de *pape*.

Lorsque Constantin eut ordonné de substituer sur le *labarum* le signe de la croix au signe symbolique du sénat et du peuple romain, la position des chrétiens changea entièrement ; mais il ne fut guère possible que la première confusion ne subsistât pas long-temps.

La ville de Rome s'élevant au-dessus de toutes les autres villes, le pape de Rome s'éleva bientôt au-dessus de tous les autres papes.

Les chrétiens n'étant plus réduits à former des sociétés secrètes, il devint le chef de toute la société chrétienne : et l'Europe entière étant convertie à la foi de Jésus, il se trouva comme le roi de tous les rois européens (1).

Il disposa donc de la couronne de France comme de toutes les autres. Mais la couronne ne fut plus qu'un vain ornement.

----

(1) Un pareil ordre de choses ne peut plus revenir, parce qu'on ne peut plus voir une série d'événemens semblables à ceux qui l'avaient amené.

Il y a long-temps que les papes ne présentent

La

La division préparée depuis si long-temps s'opéra toute entière. Les grands vassaux s'établirent et constituèrent leur indépendance absolue ; c'est - à - dire que chaque grand vassal devint un vrai souverain.

Tous ces grands vassaux, une fois établis, furent les uns par rapport aux autres dans l'état des hommes livrés à l'impulsion de leurs volontés et de leurs forces particulières ; ils furent en état de guerre : et bientôt la France ne fut plus qu'un vaste champ de bataille hérissé de fortifications et de guerriers.

Comme, lorsque la guerre est par-tout, personne ne peut se passer de protection,

---

plus à l'Europe que des modèles de sévérité dans les mœurs et de persévérance dans la foi.

Quel homme en France n'a pas été édifié par la piété de Pie VII ?

Pendant la dernière guerre d'Italie, ayant été envoyé à Rome comme parlementaire, j'eus l'honneur de lui être présenté. L'armée napolitaine occupait sa ville ; il était dans un état qu'on aurait peine à croire. Comme je pris la liberté de lui en parler : Si vous voyez le premier consul, me dit-il, assurez-le que j'ai la couronne d'épines.

tout le monde se pressa d'entrer sous la puissance d'un vassal. A la suite du *vasse-lage* s'établit *l'arrière-vasselage*. Toutes les terres devinrent des *fiefs*, tous les sujets des *serfs;* et la langue des Francs fut étonnée de tant de mots nouveaux qu'il lui fallut créer pour désigner ce système qu'on appela *féodal* (1), peut-être parce que la foi qu'on jurait à son seigneur était la loi principale à laquelle on était tenu d'obéir.

Il restait au roi ou suzerain général une obligation à remplir, celle de défendre l'intégrité de la France ; mais réduit au revenu de ses terres particulières, moins considérables que celles de la plupart de ses vassaux, et à une assistance qu'ils accordaient ou qu'ils refusaient à leur guise, il n'avait pas les moyens de la remplir.

Déjà des peuples du Nord avaient conquis une des plus riches portions du territoire. D'autres peuples, attirés par l'appât

---

(1) Foi - loi.

d'une aussi riche proie, menaçaient d'une nouvelle invasion, lorsque les grands vassaux se réunirent pour placer la couronne sur la tête d'un prince qui, par la position particulière de ses propres domaines et la grandeur de ses propres richesses, serait en état de les défendre tous : ce prince fut Hugues Capet (1).

---

(1) Les historiens ont trouvé plus commode de faire des premiers rois de chaque race *des usurpateurs*, et des derniers *des fainéans*, que de chercher dans la nature même des choses les causes qui précipitèrent les uns et élevèrent les autres.

Charles de Lorraine, successeur légitime de Louis V, dernier roi de la seconde race, n'était pas un fainéant. Pour soutenir les droits de sa naissance, il fit une invasion dans le royaume, et défit l'armée de Huges Capet devant les murs de Laon, dont il s'empara. Cela ne fit pas qu'aucun grand vassal se déclarât pour lui. L'évêque même de Laon le trahit et le livra à son ennemi,

CHAPITRE XI.

Réflexions sur la seconde race.

Les motifs qui perdirent les Carlovingiens furent inverses de ceux qui avaient
perdu les Mérovingiens. Dans la première
circonstance, les comtes et les barons voulaient affaiblir l'autorité royale : dans la
seconde, au contraire, les grands vassaux
voulaient la fortifier.

Nous avons vu que durant la première
race la socialité résidait dans les assemblées
du champ de Mars. On ne sait pas bien
quelles conditions étaient nécessaires pour
y être admis ; mais on n'a pas contesté
qu'elles ne fussent très-légères, puisqu'on
les appelait *assemblées du peuple.*

Lorsque, dans le désordre de la seconde
race, chaque grand vassal se fut emparé
d'une souveraineté particulière, la patrie

générale disparut, et les assemblées du peuple disparurent avec elle.

Cependant, comme chaque vassal aurait été trop faible pour se défendre seul contre une attaque étrangère, tous les vassaux s'unirent pour la défense du territoire commun, et le roi ou suzerain général fut le chef de l'union; il se trouvait ainsi tout à la fois obligé de les défendre tous et de se défendre contre eux tous.

Le seul objet d'intérêt public était donc la défense du territoire. Pour s'en occuper il fallut des réunions; mais ces réunions ne purent être composées que de ceux qui possédaient ce territoire, et on vit les *états-généraux* (1) succéder aux assemblées du peuple.

Avant l'élévation des maires du palais, le monarque disposait à son gré des comtés,

____

(1) On voit, par les anciennes chroniques, que la *mouvance directe* donnait seule le droit d'assister aux états-généraux. On n'était dans la mouvance directe que lorsqu'on n'avait d'autre suzerain que le roi.

des baronnies, des fiefs. Les comtes, les barons et les possesseurs des fiefs durent donc bien se garder dans les assemblées du peuple de contrarier celui qui avait tant de moyens de les punir. Ensuite ceux qui n'étaient rien ne durent pas s'aviser de manquer de déférence pour un monarque qui tenait en ses mains tant de grâces et de récompenses.

La loi de l'état et la nature des choses contribuaient donc à maintenir le principe monarchique, et les assemblées du peuple, considérées comme dépositaires de la socialité du gouvernement, n'avaient qu'une simple *force d'inertie*.

Lorsque les états - généraux succédèrent aux assemblées du peuple, les comtés, les baronnies, et les fiefs, étaient devenus héréditaires; aucun membre de ces états n'avait donc rien à craindre ni à espérer du monarque.

Aussi tous élevèrent des volontés rivales de la sienne, ils prirent la *force d'impulsion*; et le système général devint républicain.

Tous les petits gouvernemens féodaux se trouvèrent enclavés dans une république, et la France retourna sinon aux mêmes idées, du moins au même point politique où étaient les Gaules avant l'invasion des Romains.

CHAPITRE XII.

Troisième race.

Les grands vassaux, en choisissant Hugues Capet, voulaient un roi qui fût tout à la fois en état de les défendre et dans l'impuissance de les attaquer. Pour obtenir ce double résultat, il fallait une foule de combinaisons qu'ils ne firent pas.

On peut juger à quel point était portée leur indépendance par ce trait d'Aldebert, comte de Périgord.

Il assiégeait Tours. Hugues Capet n'osant, dit un historien, l'en empêcher par la voie des armes, se contenta de lui faire demander *qui l'avait fait comte?* Pour toute réponse l'audacieux vassal fit demander à Hugues *qui l'avait fait roi?* et il continua son entreprise.

L'autorité du clergé, dirigée par la cour de Rome, était plus redoutable encore.

Lorsque Grégoire V excommunia Robert, fils et successeur de Hugues Capet, parce qu'il avoit épousé Berthe, avec laquelle il était coupable d'avoir tenu un enfant sur les fonds de baptême (car c'était alors un cas d'empêchement), on rompit tout commerce avec lui : pas un prêtre ne voulut lui dire la messe : il ne lui resta que deux domestiques, qui prenaient la précaution de faire passer par le feu tout ce qu'il avait touché.

Voilà d'où partirent les Capétiens pour finir par soumettre tous les vassaux, et par s'affranchir du despotisme pontifical.

Cherchons quels moyens ils employèrent, et par quelles circonstances ils furent favorisés.

CHAPITRE XIII.

De la situation géographique des domaines de Hugues Capet.

LES possessions de Hugues Capet, par leur réunion à celle de Louis V, dernier roi de la seconde race, s'étendaient depuis l'embouchure de la Somme jusques par de-là Blois, laissant à l'ouest la Normandie et la Bretagne, à l'est la Champagne, le Nivernais et le Berri.

Celles des grands vassaux se trouvèrent par là coupées en deux presque comme le serait un cercle par une ligne qui traverserait son centre.

On voit, sans que je les explique, quelle foule d'avantages durent résulter pour les rois de cette situation de leurs domaines.

La maison d'Autriche, placée dans des circonstances à peu près semblables à celles de la maison de France, n'a jamais pu parvenir au même résultat; et il serait possible qu'une des causes principales en fût dans la position toute opposée de ses possessions héréditaires.

CHAPITRE XIV.

De la réunion des domaines des vassaux à celui de la couronne.

LES grands vassaux auraient dû redouter une trop grande extension d'un domaine héréditaire déjà si avantageusement placé, et faire de cet objet une des principales occupations des états-généraux.

Au lieu de cela, il s'en trouva parmi eux qui se défirent du leur en faveur du roi.

Lorsqu'entraînés tout à la fois et par l'esprit des institutions chevaleresques, et par celui des prédications religieuses, les Français entreprirent de délivrer le Saint Sépulchre et de venger les chrétiens de la tyrannie des musulmans, ils vendirent tout ce qu'ils possédaient pour suffire aux frais du voyage.

Ce fut alors que Eudes Arpin abandonna à Philippe I.ᵉʳ son vicomté de Berri. C'est le premier exemple de la réunion du domaine d'un vassal à celui de la couronne : car sous Hugues Capet c'était le domaine de la couronne qui avait été réuni à celui d'un vassal.

D'autres domaines furent successivement ramenés à la royauté, tantôt par des traités, tantôt par des mariages, tantôt par droit de succession, tantôt par droit de conquête ; et il vint enfin un moment où les rois eurent tous les domaines et où les vassaux n'en eurent plus aucun.

CHAPITRE XV.

De l'établissement des communes.

L'EXTENSION des domaines du roi lui fit mieux apercevoir le malheur de cette foule de serfs qui, comme les ilotes de Sparte, gémissaient tout à la fois sous un esclavage public et particulier.

Ils ne pouvaient changer ni de lieu ni de profession ; ils ne pouvaient pas se marier sans la permission de leurs maîtres ; ils passaient avec la terre dans les mains de chaque possesseur nouveau ; on pouvait leur faire toutes sortes d'injustices, sans qu'ils eussent le moindre recours possible : ils étaient entièrement hors de la protection des lois.

Louis-le-Gros vendit aux serfs de ses domaines le droit d'entrer sous cette protection, et de se faire des gouvernemens à part.

Aussitôt ils constituèrent l'unité dans la la personne d'un maire, la socialité dans celle des échevins ou municipaux, et à côté du système féodal des vassaux vint se placer le système municipal des communes.

Ce bienfait de l'affranchissement se payant fort cher, la plupart des vassaux s'empressèrent d'imiter l'exemple du roi ; mais tous leurs serfs ne s'empressèrent pas également d'en profiter : il vint même une époque où il fallut les y contraindre.

Comme les compagnons d'Ulysse dans l'antre de Circé, ils ne se souciaient point de redevenir hommes.

CHAPITRE XVI.

Conséquence de l'établissement des communes.

LE roi étant suzerain général, les communes durent l'appeler à la garantie des engagemens que ses vassaux prenaient avec elles.

Il faut bien remarquer cet appel à la garantie royale : car c'est avec ce faible fil que les parties qui manquaient au gouvernement général y furent attirées, et que les forces éloignées du centre auquel elles appartenaient y furent ramenées.

La roi commença par envoyer des commissaires pour s'informer si les vassaux tenaient leurs engagemens. C'était déjà un premier ascendant pris sur les vassaux. Il ne restait plus qu'un pas à faire, il le fit.

Les communes avaient bien leurs tribunaux à part (les pairs bourgeois) pour
juger

juger leurs différens. Mais de ces tribunaux l'affaire pouvait être évoquée aux placites ou parlemens des seigneurs. Le roi ordonna que des parlemens des seigneurs elle pût ensuite être évoquée à son parlement particulier. Les communes et les vassaux se trouvèrent donc également soumis au parlement royal.

Le lien général militaire existait déjà : on voit maintenant *que le lien général civil* va se former.

CHAPITRE XVII.

Des états - généraux postérieurs à l'établissement des communes.

LES états-généraux de la fin de la seconde race et du commencement de la troisième étaient la réunion des divers gouverneurs des états particuliers avec le gouverneur général, ou roi. Dès le moment où les communes formèrent un état à part, elles durent être appelées à ces états-généraux.

Les premiers états, et non pas encore *le premier ordre de l'état*, étaient ceux gouvernés par les vassaux ecclésiastiques. *Les seconds états*, et non pas encore le second ordre de l'état, étaient ceux gouvernés par les vassaux laïques. *Les troisièmes états*, et non pas encore *le troisième ordre de l'état*, furent ceux gouvernés par les municipaux.

L'entrée de ces troisièmes états aux états généraux ne fut pas une faveur, mais une conséquence nécessaire du système établi. Ils y eurent d'abord peu de droits, parce que leur souveraineté étant extrêmement bornée, ces droits devaient être proportionnés à sa nature.

Avant l'admission des troisièmes états aux états-généraux, le roi ou suzerain général, et les vassaux ou gouverneurs particuliers défendaient avec des moyens inégaux pour le premier leurs droits respectifs.

Je dis *des moyens inégaux pour le premier,* parce que les vassaux ecclésiastiques y soutenaient les vassaux laïques, et réciproquement les vassaux laïques soutenaient les vassaux ecclésiastiques ; ce qui rendait la position du roi désavantageuse. Ou bien, dans le cas de partage, l'affaire restait indécise.

L'admission des troisièmes états rompit cet équilibre.

Ils furent naturellement portés à se déclarer en faveur de celui qui se trouvait le garant des engagemens contractés entre eux et les vassaux. L'établissement des communes fait donc encore un avantage pour le roi.

Philippe-le-Bel, sommé par Boniface VII de reconnaître qu'il tenait son autorité temporelle du saint siége, en appela aux états-généraux. Pour la première fois, disent les historiens, les communes y eurent voix délibérative. En vain les vassaux ecclésiastiques tergiversèrent dans leurs déclarations, celles des vassaux laïques et des communes ayant été uniformes, l'indépendance de la couronne fut proclamée.

CHAPITRE XVIII.

De la guerre d'un grand vassal contre le roi.

Cependant la conquête de l'Angleterre par Guillaume de Normandie avait donné au roi de France un autre roi pour vassal et pour rival.

On a déjà vu la couronne de suzerain passer sur la tête du plus puissant vassal ; elle pouvait donc passer sur celle du roi d'Angleterre.

L'intérêt des vassaux était même d'entretenir un certain équilibre (1) entre les

____

(1) C'est ainsi que les petits princes d'Allemagne avaient intérêt à ce que les maisons d'Autriche et de Prusse n'obtinssent pas l'une sur l'autre un avantage trop marqué.

Aujourd'hui que, par une circonstance extraordinaire, les forces des petits princes s'y accroissent, et que par conséquent les forces relatives des deux grandes puissances y diminuent, les premiers pourront obtenir par leurs propres moyens un résultat qu'il leur fallait attendre de circonstances étrangères.

forces des deux rois, afin de sauver leur indépendance par l'une ou l'autre garantie; et il n'est pas douteux qu'ils n'aient plus d'une fois sacrifié à cet intérêt.

Les succès et les revers s'entre-balancèrent long-temps de l'une et l'autre part; mais la défaite du premier des Valois et la captivité du roi Jean menaçaient la maison de France. Enfin, sous un prince imbécille, gouverné par cette Isabeau tout à la fois femme impudique et mère dénaturée, le roi d'Angleterre fut proclamé, et le légitime héritier de France dépossédé.

Il en appelle à Dieu et à son épée; cet appel ne sera point stérile.

Pourquoi donc a-t-on fait de Charles VII un prince faible et volupteux? On rehausse son bonheur pour rabaisser son mérite; on parle de miracle, pour effacer sa prudence.

N'est-il donc pas vrai que sans argent, sans ressource, avec l'aide d'un petit nombre de braves, de Jeanne d'Arc, de Dunois, de Saintrailles, de Lahire, celui que par dérision on appelait *le roi de Bourges*, re-conquit toute la France et porta jusqu'en Angleterre la terreur de ses armes ?

Par l'établissement *des compagnies d'or-donnance*, il mit à la disposition des vo-lontés constantes du gouvernement une force destinée à l'être de même.

Par l'établissement de *la taille*, il trouva le moyen de payer cette force, et donna l'idée d'un impôt réglé.

J'ajoute encore un trait. Il mourut du chagrin que lui causa l'ingratitude de son fils.

CHAPITRE XIX.

Des trois ordres.

APRÈS Charles VII, il ne restait plus de vassaux indépendans que les ducs de Bourgogne et de Bretagne. Que devinrent tous les vassaux dépossédés ? Ils entrèrent dans l'état général formé de leurs états particuliers, et ils furent *les ordres* de cet état général.

Les vassaux ecclésiastiques devinrent *l'ordre du clergé ;* les vassaux laïques devinrent *l'ordre de la noblesse*, et ceux qui formaient la troisième sorte d'états particuliers devinrent le *troisième ordre* de l'état, ou *le tiers-état.*

Mais en entrant dans l'état général, tous ces trois ordres conservèrent l'esprit de leurs états particuliers. Le clergé continua de soutenir le despotisme pontifical; la noblesse tenta sans cesse de briser le lien de

sa dépendance nouvelle, et le troisième ordre garda les marques de son antique op-
pression.

C'était le germe de trois révolutions qui
ont successivement agité la France.

~~~~~~~~~~~~~~~~~~~~~~~~~~~~~~~~~~~~

CHAPITRE XX.

*Révolution dans l'esprit du clergé par rapport
à l'autorité royale.*

———

LES exactions de la cour de Rome étaient
portées à leur plus haut degré, lorsque l'imprimerie, ce soleil du monde intellectuel,
vint à darder ses premiers rayons.

Déjà la Bible et l'Évangile, ces deux fondemens sacrés de notre foi se multipliaient,
et on y cherchait vainement les titres de
cette autorité temporelle que les papes re-
vendiquaient sur les rois, lorsque Martin
Luther mit en question même leur autorité
spirituelle.

Comme les princes n'aperçurent pas de
meilleur moyen de s'affranchir de celle qui
leur était si préjudiciable, que de refuser de
les connaître également toutes les deux,
tout-à-coup la Saxe, la Hesse, le Brunswick,
~~~~~~~~~~~~~~~~~~~~~~~~~~~~~~~~~~~~

le Danemarck, la Suède, l'Angleterre, une partie de la Suisse adoptèrent la doctrine de Luther, et refusèrent tout à la fois au pontife romain obéissance et tribut.

Considérée sous son rapport purement politique, la réforme eut incontestablement cet avantage, qu'elle dégagea de l'autorité temporelle des papes les princes même qui ne l'embrassèrent pas.

Comme la cour de Rome eut la crainte de voir passer dans la nouvelle doctrine ceux qu'elle aurait poussés à bout, elle fut réduite à garder des ménagemens, et ce fut là une importante révolution, parce que le clergé n'était séditieux que par obéissance à l'autorité pontificale.

CHAPITRE XXI.

Révolution dans l'esprit de la noblesse par rapport à l'autorité royale.

———

LA révolution dans l'esprit des nobles ne se fit point, comme celle qui vient d'avoir lieu dans l'esprit des prêtres, par une explosion rapide. Une suite de tentatives infructueuses de leur part les conduisit insensiblement au même résultat.

Je dis une *suite de tentatives*; car, depuis Charles VII jusqu'à Louis XIV, à peine s'il se passa un seul règne sans un effort de la noblesse pour reconquérir son indépendance.

Sous Louis XI, elle se ligua toute entière dans la guerre qu'elle appela *du bien public*, mais que les peuples, plus judicieux, appelèrent celle *du mal public*.

Sous Charles VIII, c'est l'héritier présomptif de la couronne, c'est celui qui devait porter un jour le titre de *père du peuple*, qui commence par être le perturbateur de l'état.

Sous François Ier, c'est le connétable de Bourbon qui va porter à Charles-Quint ligué contre la France avec toutes les puissances de l'Europe, les secours d'un nom célèbre par la victoire de Marignan.

Sous François II commence cet esprit séditieux des Guise qui enfanta la ligue, laissa sur la mémoire de Charles IX une tache indélébile, et réduisit Henri III à l'alternative de perdre la couronne ou de commettre un assassinat (1).

Sous Henri IV, à peine le duc de Mayenne

----

(1) Quand Henri III distribua des poignards aux gardes auxquels il donna l'ordre de tuer le duc de Guise, il leur dit : « C'est un acte de justice que je vous commande sur l'homme le plus criminel de mon royaume. Les lois divines et humaines me permettent de le punir. Ne pouvant le faire par les voies ordinaires de la justice, je vous autorise à le faire par le droit que me donne ma puissance royale. »

C'était une triste vérité que disait Henri III ; mais c'était une vérité.

est-il soumis que le duc d'Épernon se révolte.

Sous Louis XIII, ce n'est plus le parti de
la ligue qui menace la couronne, c'est le
parti protestant qui tend à l'indépendance,
et le duc de Rohan qui dirige ses efforts.

Sous Louis XIV enfant, la noblesse, pour
sa dernière tentative, semble rassembler
tous ses moyens; mais déjà l'esprit de faction avait perdu la vigueur de sa teinte; et,
malgré ce cardinal de Retz si avide de désordres et si habile à les exciter, malgré
Turenne et Condé, malgré cette duchesse
de Longueville si séduisante (1), malgré cette
Mademoiselle si audacieuse, la fronde n'a
guère produit que des bons mots.

Je dis une suite de tentatives *infructueuses;* car Louis XI contint la noblesse,
d'abord par sa dissimulation profonde, en-

––––––––––

(1) On connait ces deux vers du duc de la
Rochefoucauld :

Pour mériter son cœur, pour plaire à ses beaux yeux,
J'ai fait la guerre au roi, je l'aurais faite aux Dieux.

suite par une justice si sévère qu'elle avait l'air de la vengeance.

Charles VIII détruisit l'espoir des rebelles par la bataille de St.-Aubin, dans laquelle le duc d'Orléans lui-même fut fait prisonnier.

A la trahison de Bourbon on opposa la loyautée de Bayard. Qui n'admira point alors comme aujourd'hui la réponse du chevalier *sans peur et sans reproche*, lorsque, venant de recevoir au champ d'honneur la blessure mortelle, le connétable s'approcha pour le consoler ? « *Ce n'est pas moi qui suis à plaindre*, lui dit-il : *je meurs en homme de bien; mais j'ai pitié de vous qui combattez contre votre roi, votre patrie et vos sermens.* «

Henri IV, celui de tous nos rois dont le caractère était le mieux assorti au caractère de la nation qu'il devait gouverner, préféra toujours la clémence à la sévérité ; mais cependant il sut punir quand l'opiniâtreté de la révolte le força à ce triste parti.

L'inflexible génie de Richelieu vint au secours du faible esprit de Louis XIII, et le sang des Marillac, des Montmorenci, des Cinq-Mars laissa parmi la noblesse une longue trace d'épouvante.

Enfin, Louis XIV, ce prince qui ne fut point grand parmi les hommes, mais qui restera célèbre parmi les rois, parce qu'il possédait éminemment, s'il est permis de parler ainsi, *l'esprit de sa profession ;* Louis XIV environna le trône d'un tel faste, qu'il rendit tout parallèle impossible.

S'il se permit par hasard des familiarités, ce fut toujours avec des personnes dont la position était trop distante de la sienne pour qu'il leur fût possible d'en abuser. Mais avec la noblesse, avec les princes de son sang, avec ses enfans même, il parlait, il agissait toujours en roi ; et cette conduite termina la révolution qui consacrait une dépendance égale pour tous les sujets indistinctement.

CHAPITRE

CHAPITRE XXII.

Révolution en faveur du troisième ordre.

A dater du règne de Louis XIV, ni le clergé ni la noblesse ne pesèrent plus sur le monarque ; mais ils continuèrent à peser sur le troisième ordre, qui, en entrant dans l'état général, n'avait pas cessé pour cela d'être dépendant des états particuliers auxquels il avait jadis appartenu. Chose bizarre ! ces états particuliers étaient détruits, et cependant il y avait des hommes qui jouissaient de toutes les prérogatives attachées à leur existence.

Il en résultait ce double inconvénient, que la patrie commune manquait de cette partie d'assistance que lui enlevaient les privilèges du clergé et de la noblesse, et que le troisième ordre se trouvait surchargé bien au-delà de ses moyens.

Une troisième révolution était donc impossible à éviter.

Mais comment se fit-il que, tandis que les deux premières n'avaient occasionné que des secousses, celle-ci ait amené tout-à-coup ce grand bouleversement dont nous avons tous été les acteurs ou les témoins ?

Si les principes que j'ai posés sur les causes de l'ordre et du désordre des empires sont exacts, ils doivent suffire pour résoudre la question.

Je n'ai point cherché à appliquer ces principes au passage de la seconde à la troisième race, parce qu'il n'y eut pas là de révolution. Hugues Capet avait plus de force que Louis V; mais il ne reçut que les mêmes droits. Rien ne fut alors changé en France que la dynastie.

CHAPITRE XXIII.

Du parlement et des états-généraux.

LORSQUE le roi de France n'était encore que le suzerain de tous les états particuliers, on sait bien qu'indépendamment de cette suzeraineté et précisément même pour pouvoir la soutenir, il avait la possession d'un domaine dont on peut dire qu'il était le comte ou le baron ; c'est-à-dire qu'il y exerçait une autorité semblable à celle des comtes et des barons dans la leur, avec cette seule exception, qu'il n'était vassal de personne. Telle est encore aujourd'hui la position de l'empereur d'Autriche.

Ce domaine avait son gouvernement à part, et ce gouvernement avait, comme tous les autres gouvernemens féodaux, son unité dans la personne du roi et sa socialité dans les placites ou parlemens, au milieu des-

12 *

quels le roi rendait les jugemens, et réglait les affaires publiques de ce domaine particulier.

Lorsque tous les domaines des vassaux eurent été réunis à ce gouvernement particulier du roi, ce domaine particulier devint alors le domaine général, et le parlement de ce domaine devint par conséquent le parlement général.

Cependant, comme avant la réunion des domaines particuliers, les rois ne pouvaient traiter les affaires d'un intérêt commun à toutes les parties de la France que dans les états-généraux, il leur arriva encore après la réunion de les assembler pour les mêmes motifs.

Les états-généraux et le parlement se trouvèrent ainsi dans une sorte de concurrence.

De là est restée dans l'organisation de l'état une confusion dont les conséquences furent funestes.

CHAPITRE XXIV.

Inconvéniens de ces deux corps.

LORSQUE les états-généraux étaient réunis, la France était en république, du moins pour tout le temps de leur durée: et leur présence aurait constamment amené les désordres attachés au système républicain, si l'obligation dans laquelle ils étaient de délibérer *par ordre*, et l'extrême opposition d'intérêts entre les divers ordres, n'avaient paralysé tous leurs mouvemens. Aussi furent-ils toujours inutiles, quand ils ne parvinrent pas à se rendre dangereux.

Le parlement n'était pas plus que les états-généraux en harmonie avec l'ordre de choses établi dans le temps auquel je me reporte.

Quand le système législatif et judiciaire de la France était uniquement appuyé sur

la force; quand faire des lois et rendre des
jugemens n'était autre chose que combattre,
alors il était naturel que le corps dépositaire
de la socialité du gouvernement fût composé de l'élite des guerriers.

Personne, en effet, n'était plus propre à
arrêter les volontés déréglées des rois, que
leurs compagnons d'armes.

Mais lorsque , par la suppression du
combat judiciaire et par l'établissement des
preuves écrites , la connaissance des lois
exigea une étude spéciale, que durent négli-
ger des hommes habitués à sacrifier leur
sang et non leurs veilles ; on vit paraître
dans l'état la classe nouvelle *des gens de
loi*, qui insensiblement parvinrent à composer le parlement.

Ce nouveau parlement n'était plus qu'un
corps de judicature. S'il succéda à l'autorité de l'ancien pour limiter les volontés du monarque , c'est qu'on se conduisit par l'empire du nom plutôt que par
celui de la chose.

Pour qu'il eût pu légitimement exercer

la socialité, il eût fallu le composer des trois ordres de l'état ; car alors l'état était dans ses trois ordres : ce qui n'existait pas encore lors des parlemens de la fin de la seconde race et du commencement de la troisième.

Les volontés du monarque devant également les embrasser tous les trois, eux seuls pouvaient être admis à examiner si elles parvenaient à ce but.

Il eût fallu encore que le parlement ainsi composé ne pût exercer aucune fonction judiciaire, parce que ceux qui ont pris part à la confection des lois doivent être étrangers à leur application : ou bien, le juge peut interpréter la loi dans un sens opposé à celui dans lequel le législateur l'a conçue, sans qu'il y ait aucun recours possible contre cette fausse interprétation.

Au lieu de cela, le parlement n'était réellement d'aucun des ordres de l'état. On l'avait bien associé à celui de la noblesse ; mais son intérêt en restait aussi éloigné que ses mœurs. Par cette mesure, on n'avait fait que prouver l'impuissance des lois qui ne sont pas en rapport avec la nature des choses.

Absorbé par les minutieux détails des procédures, il étoit resté étranger à la science des causes suivant lesquelles les empires s'élèvent ou s'abaissent. Il y a loin d'un légiste à un législateur.

Sa division en une foule de ressorts rendait impossible l'unité indispensable aux délibérations d'un corps. Il en résultait que les parlemens des provinces recevaient machinalement le mouvement imprimé par celui de la capitale. C'était en général l'inconvénient de ce temps-là, qu'on eût cru que la France formait une petite portion de Paris, et non pas Paris une petite portion de la France.

Ainsi, quand, dans les circonstances extraordinaires, les rois convoquaient les états généraux, le royaume se trouvait toujours placé sur le penchant des plus grands désordres; et dans les circonstances ordinaires le corps dépositaire de la socialité était inhabile à l'exercer.

Le gouvernement se trouvait donc manquer de lois garantes d'une des parties
constitutives de son être, dans le moment
où la révolution indispensable en faveur
du troisième ordre devait nécessairement
amener quelque crise.

Cette mauvaise organisation existait, me
dira-t-on, pendant les deux révolutions,
dont l'une changea l'esprit du clergé et
l'autre celui de la noblesse; et cependant
l'état ne fut point bouleversé jusques dans
ses fondemens.

C'est que, dans la dernière circonstance,
on fit une faute qu'on n'avait jamais faite
encore.

Tel est le malheur des empires faiblement
constitués. Une circonstance de plus détermine la commotion qu'ils avaient évitée jusques-là. Un prince plus faible, un factieux
plus habile, un événement plus imprévu,
tout met l'état en péril : au lieu qu'un état
parfaitement constitué aurait une vigueur
d'organisation contre laquelle viendraient
échouer toutes les atteintes.

CHAPITRE XXV.

Dernière faute du parlement considéré comme corps dépositaire de la socialité.

———

LOUIS XVI (de lugubre mémoire) avait employé une foule de moyens infructueux pour obtenir deux impôts nouveaux, qui devaient porter également sur la noblesse, le clergé et les communes.

Le parlement, dont l'intérêt pécuniaire était le même que celui des deux premiers ordres, puisqu'il participait à leurs prérogatives, refusait avec obstination l'enregistrement, alléguait son incompétence et réclamait les états-généraux.

Le roi consentit à les convoquer. Mais, averti par l'expérience de la résistance qu'il trouverait dans les ordres privilégiés, il eut la pensée d'accorder au troisième ordre une députation qui seule égalerait en nombre celle des deux premiers.

Je ne dis pas toutefois que ce fut là une faute du roi ; parce que celui qui a la *force d'impulsion* a le droit d'avoir des volontés déréglées, et que c'est au corps qui a *la force d'inertie* à empêcher ces volontés déréglées d'arriver jusqu'à la société.

Mais comment se fit-il que le parlement qui avait refusé si opiniâtrément d'enregistrer des impôts qui, à la vérité, auraient atteint tous ses membres, enregistra presque sans réclamation cette loi nouvelle sur la représentation du troisième ordre, par laquelle les lois fondamentales de l'état se trouvaient renversées ?

Cela se fit, parce que le parlement était un mauvais corps social, et qu'il n'aperçut pas la conséquence de la loi qu'il enregistra.

CHAPITRE XXVI.

Des états-généraux de 1789.

Lorsqu'à Rome, les plébéiens obtinrent la permission de s'assembler par tribus, pour empêcher les volontés déréglées du sénat d'arriver jusqu'à eux, ils eurent bientôt la pensée non-seulement de s'opposer aux volontés du sénat, mais encore de faire sans sa participation des lois, qu'il n'aurait pas la faculté d'empêcher d'arriver jusqu'à lui.

Tel fut à peu près l'effet de la double représentation accordée au troisième ordre.

A peine les états furent-ils réunis, que, fort de son nombre, non-seulement il eut la pensée de se garantir des volontés déréglées des deux premier ordres, mais même de faire des lois qu'ils n'auraient pas la faculté d'empêcher d'arriver jusqu'à eux.

Le troisième ordre fit ainsi une révolution bien autre que celle qui était indispensable.

Si les deux premiers ordres eussent été unanimes dans leurs efforts ; si le roi avait eu un plan de conduite , les communes s'étaient engagées avec trop de rapidité dans une mesure qui aurait dû les perdre.

Mais ces deux ordres étaient divisés, et le roi était incertain.

Les communes obéissaient à l'impulsion du comte de Mirabeau , homme doué de toutes les qualités nécessaires à un chef de parti délibérant, fort de pensée et brûlant d'éloquence, avide tout à la fois de faire du bruit dans l'Europe et de se venger d'une humiliation de son ordre. Elles avaient déjà *leur homme pouvoir* ; et c'était encore un avantage que n'avaient pas les deux premiers ordres.

Il faut ajouter que les communes comptaient dans leurs rangs un prince du sang ; et pour l'opinion de ce temps-là, c'était un grand appui.

A toutes ces considérations, vinrent encore se joindre des émeutes populaires.

Le roi et les deux premiers ordres firent donc comme avaient fait les patriciens et les consuls ; ils cédèrent : et ce fut là aussi pour les Français, comme cela avait été pour les Romains, une époque fertile en événemens extraordinaires.

Ordinairement les états étaient convoqués pour un but déterminé. Ce but une fois rempli, le roi les dissolvait, et la monarchie reprenait sa marche accoutumée.

Les états-généraux de 1789, qui avaient substitué à leur ancien titre le titre nouveau *d'assemblée nationale*, déclarèrent qu'ils ne se sépareraient point avant d'avoir donné à l'état *une constitution nouvelle* : ainsi la France se trouva indéfiniment constituée en république.

En s'emparant de *la force d'impulsion* qui doit appartenir au monarque, il est vrai que l'assemblée lui abandonna en échange *la force d'inertie* qu'elle aurait dû au contraire se réserver.

Mais il n'y avait aucune proportion entre la force d'inertie qu'elle lui laissait et la force d'impulsion qu'elle se réservait.

Il faut que la force d'inertie dépasse de beaucoup la force d'impulsion, comme le rivage dépasse la mer ; car sans cela il ne serait pas propre à la contenir.

Un corps nombreux arrête facilement les volontés d'un seul homme : mais comment un seul homme peut-il arrêter les volontés d'un corps nombreux ? Aussi, toutes les fois que le roi opposait sa force d'inertie , son reste d'ascendant sur l'opinion décroissait d'autant ; et il lui fallait encore essuyer des avanies qui finissaient toujours par le réduire à la retirer.

C'est une opinion assez générale que Mirabeau se disposait à reconstruire la monarchie lorsqu'il mourut. Aurait-il réussi ?

L'ascendant de l'idée dominante alors , qu'au corps législatif devait appartenir *l'initiative* des lois, et l'exemple de l'Angleterre, où cette idée *paraît* réduite en pratique, ne laissant alors aucune inquiétude sur la possibilité de son exécution, me font pencher pour la négative.

Quoi qu'il en soit, sa mort laissa l'assemblée nationale comme sans ame. Toutes les prétentions particulières que l'ascendant de son talent oratoire avait contenues débordèrent. Chacun voulut reconstruire à sa manière l'édifice de la constitution nouvelle. Tous s'écartèrent des principes éternels de construction, et sous le titre de constitution monarchique on vit paraître une constitution toute républicaine.

CHAPITRE

CHAPITRE XXVII.

Assemblée législative.

Louis XVI fut chargé de mettre en activité la nouvelle constitution. On l'a accusé
de ne l'avoir jamais tenté de bonne foi :
accusation assez ridicule;

Mais, eût-il été de la meilleure foi du
monde, eût-il même été doué d'un talent
supérieur, il lui était impossible de résister
aux attaques réitérées d'un corps législatif
qui le harcelait sans cesse par l'initiative de
ses volontés désordonnées.

Ce n'est pas parce qu'il était Louis XVI
qu'il a succombé. Tout autre à sa place
aurait changé sa position, personne ne
l'aurait soutenue.

CHAPITRE XXVIII.

Réflexions sur la troisième race.

La république romaine, dans ses momens de crise, avait recours à la dictature, ou au système monarchique, et prenait ainsi un moyen infaillible de faire cesser, du moins pour tout le temps que durait cette dictature, la lutte entre les factions opposées.

La troisième race des rois de France, au contraire, se trouvait réduite, dans les crises de la monarchie, à recourir aux états-généraux ou à la république, et prenait ainsi un moyen infaillible d'augmenter le désordre au lieu de le diminuer.

L'unité tendait sans cesse à s'établir dans la république romaine malgré les efforts des lois pour la proscrire; parce que l'unité est le premier caractère constitutif du gouvernement : et les troubles provenaient des efforts même que faisait cette unité pour parvenir à se constituer.

La socialité tendait sans cesse à s'établir dans la monarchie française malgré les efforts des rois pour la repousser; parce que la socialité est le second caractère constitutif du gouvernement.

Quelque faible que fût l'opposition parlementaire, les rois tentaient sans cesse de s'en débarrasser, et les troublesde l'état provenaient souvent de la lutte entre les rois et le parlement.

Il est donc vrai que la monarchie et la république ne se soutiennent qu'à l'aide des mêmes mobiles.

Ce ne sont point là des suppositions, ce sont des abstractions auxquelles j'ai adapté les faits qui leur servaient de base : ce sont donc des démonstrations.

La république romaine finit, parce que la dictature y devint permanente.

La monarchie française finit, et avec elle finirent les rois de la troisième race, parce que les états-généraux devinrent permanens,

Les dictateurs de Rome laissèrent d'abord une ombre de l'antique république dans le reste de respect qu'ils conservèrent pour le sénat dépossédé.

Les républicains français laissèrent d'abord une ombre de l'antique monarchie dans le reste de respect qu'ils conservèrent pour le roi dépossédé.

Lorsqu'à Rome ce reste de respect fut détruit, les maux publics arrivèrent à leur comble.

Lorsqu'en France ce reste de respect fut détruit, on vit un semblable résultat.

Plusieurs renversaient avec autant d'ensemble qu'un seul homme. Les tribunaux et les juges, les ministres et le culte, le trône et le roi : tout disparut. Ni l'enfance, ni la vieillesse, ni la beauté, ni la puissance, ni la vertu, ni le génie, rien ne fut épargné ; pas même le crime.

Cependant, les causes des malheurs de la France semblent, au premier aperçu, inverses de celles des malheurs de Rome. Elles sont les mêmes.

L'une manquait de lois garantes du premier caractère constitutif du gouvernement,
et l'autre manquait de lois garantes du
second.

Ce ne sont point là des suppositions, ce
sont des abstractions auxquelles j'ai adapté
les faits qui leur servaient de base : ce sont
donc des démonstrations.

CHAPITRE XXIX.

Différence de la république et de la monarchie.

Bien que la république et la monarchie se soutiennent par les mêmes mobiles, leur différence d'organisation amène néanmoins des résultats entièrement opposés.

Plus il y a d'hommes qui ont le droit de produire la volonté générale ; (et c'est le cas de la république) : plus il y en a de livrés à l'impulsion de leurs passions particulières.

La république a donc une vigueur qui tient à ce mouvement de toutes les passions.

Dans la monarchie, comme un seul a le droit de produire cette volonté, les passions se trouvent d'autant plus comprimées qu'il y a moins de socialité ; car la socialité ne comprime pas les passions, elle en règle les mouvemens.

La monarchie peut donc avoir une faiblesse qui tienne à cette compression.

Dans la république, pour fixer les suffrages de la multitude, il faut du caractère. Dans une monarchie, si elle n'est que très-peu socialisée, il ne faut que plaire au monarque, et les qualités qui captivent un homme sont inverses de celles qui captivent la multitude.

Une chose entièrement à l'avantage de la monarchie c'est qu'elle peut se perfectionner, tandis que la république tend invariablement à sa ruine.

CHAPITRE XXX.

Despotisme.

LE despotisme n'est pas un système à part, c'est l'abus de tous ceux qu'on voudra imaginer ; ainsi je n'ai point à examiner comment se perd le despotisme.

La démocratie et l'aristocratie entraînent à leur suite le despotisme tout comme la monarchie, et même plus que la monarchie.

Mais, quelque absurde ou quelque barbare que soit une mesure à laquelle on est censé avoir participé, c'est une convention générale, non-seulement de ne pas se regarder comme exposé au despotisme, mais encore de considérer comme très-libres ceux-là même qui en sont les victimes.

Mourez libres, disait Marius aux partisans de Sylla qu'il faisait égorger.

CHAPITRE XXXI.

Division des pouvoirs.

LES hommes voyant successivement s'é-
crouler tantôt des monarchies, tantôt des
républiques, ont été portés à réfléchir sur
les avantages et sur les inconvéniens de ces
deux systèmes.

C'est alors qu'ils ont imaginé de les com-
biner ensemble et de les tempérer l'un par
l'autre. Mais ils y ont procédé en sens inverse de la nature des choses.

L'avantage de la monarchie, c'est qu'on
n'y est pas exposé à la lutte des volontés
particulières.

L'avantage de la république, c'est que les
volontés d'un seul homme ne deviennent
des volontés générales que par le consente-
ment d'un nombre d'hommes plus ou
moins considérable.

Ainsi, la république a plus de socialité que la monarchie, et la monarchie plus d'unité que la république.

Mais c'est de l'unité que l'état reçoit *cette force d'impulsion* destinée à donner le mouvement à toute la machine politique, et c'est dans la socialité que repose *cette force d'inertie* qui le garantit de tous les mouvemens déréglés.

Au lieu de cela, aux corps sociaux qui rappellent la république, quelques législateurs ont donné *la force d'impulsion;* et du monarque, ils ont fait un corps social, et lui ont donné *la force d'inertie.*

Nous allons voir comment, dans ce nouveau système, la nature des choses a encore repris son empire.

CHAPITRE XXXII.

L'Angleterre.

Les lois anglaises disent que les deux chambres composant le parlement ont, concurremment et exclusivement l'initiative des lois, et concurremment encore le droit d'adopter ou de rejeter leurs résolutions respectives. Ainsi le parlement *a la force d'impulsion.*

Si les deux chambres se réunissent pour adopter une résolution, les lois anglaises disent que le roi a la faculté de la paralyser par son *veto*, ou de lui donner force de loi en lui accordant sa sanction. Ainsi le roi n'a que *la force d'inertie.*

Voilà ce que veulent les lois : voici ensuite ce qui se passe.

Le roi n'a pas, il est vrai, ni par lui-même, ni par ses ministres, l'initiative des lois ; mais comme il a soin de ne choisir ses

ministres que parmi les membres du parlement, ils font, en cette dernière qualité,
tout ce qu'ils feraient comme ministres
du roi.

Ils se présentent dans le parlement, espèce d'arène dans laquelle chaque membre
a le droit de combattre en faveur de sa volonté et de la transformer en volonté générale. Là, soit par leur éloquence, soit par
tous les autres moyens qui sont en leur
pouvoir, tantôt ils assurent le triomphe de
la volonté du roi, tantôt ils écartent toutes
celles qui lui sont opposées. Le roi con-
quiert donc ainsi *la force d'impulsion.*

Comme ensuite le roi est seul dépositaire
de la force publique, il réunit l'unité d'exécution à l'unité de conception : la société
trouve en lui *tous les avantages d'un être
réel.*

Cependant il ne ferait pas au parlement
une proposition trop contraire à l'intérêt
général ; ou, s'il la faisait, il serait possible
qu'elle fût rejetée. S'il a les avantages d'un
être réel, *il n'en a pas les inconvéniens.*

L'unité et la socialité arrivent, mais par un détour.

Il n'y a donc en Angleterre ni division, ni équilibre des pouvoirs : il y a un seul pouvoir combiné d'une manière particulière.

Le roi d'Angleterre est *l'homme-pouvoir;* mais il ne l'est, pour ainsi dire, *qu'au jour le jour.* Il faut sans cesse qu'il ait l'air de conquérir sur le parlement cette prérogative que le parlement a l'air de lui disputer.

L'avantage de l'Angleterre ne tient donc pas à la bonté de ses lois, *mais à ce que la marche réelle du gouvernement est en sens inverse de son organisation apparente.*

Ce n'est point là une supposition, c'est une abstraction à laquelle je viens d'adapter les faits qui lui servent de base : c'est donc une démonstration.

La nature des choses a pris son empire en Angleterre, et elle l'a pris mieux qu'ailleurs, parce que les lois sont moins éloignées de lui être subordonnées.

Les rois de cette nation y ont long-temps exercé l'autorité despotique, fondée par ce fameux Normand qui en fit la conquête. Comme le despotisme n'est pas conforme à la nature des chose, la noblesse et les communes, unies d'intérêts par des circonstances particulières, se sont constamment liguées pour s'en affranchir. La lutte a duré long-temps ; enfin, fatigués de leurs dissentions, les partis ont consenti à une trève. *Cette trève est la constitution anglaise.*

En effet, elle présente assez bien le spectacle de deux armées en présence, conservant l'une vis-à-vis de l'autre une attitude tout à la fois amicale et menaçante. De temps en temps elles se tiennent en haleine par des combats simulés ; et le peuple anglais prend du plaisir à leurs évolutions : c'est pour lui *la parade de la liberté.* D'un instant à l'autre le combat pourrait devenir sérieux, car la victoire n'a jamais été décidée.

CHAPITRE XXXIII, ET DERNIER.

Conclusion.

Je pourrais parcourir, l'une après l'autre, l'histoire de toutes les nations passées, et je trouverais invariablement ce même résultat. Toutes ont péri par le défaut de lois garantes, soit de l'unité, soit de la socialité.

Je pourrais présenter le tableau de toutes les nations présentes, et je ne balancerais pas à avancer que leur durée comme leur prospérité sera directement en raison de la plus ou moins grande garantie établie par leurs lois de ce double caractère.

Les gouvernemens ne sont pas, comme les individus, soumis à marcher constamment de la jeunesse vers l'âge mûr, et de la vieillesse vers la mort. Au contraire leurs forces s'accroissent par la durée. Plus ils ont vécu long-temps, plus ils ont de certitude de continuer la vie.

C'est la seule création de l'homme qui soit susceptible d'immortalité, parce que c'est la seule qui ait besoin d'être immortelle.

Les hommes ne pouvant se passer de la société, et la société ne pouvant se passer de gouvernement, il est nécessaire que les hommes puissent organiser un gouvernement aussi durable que cette société même. Sans cela, nous aurions une destination et nous serions privés des moyens d'y parvenir; ce qui impliquerait la plus absurde des contradictions.

La Science du gouvernement est donc par son essence susceptible d'exactitude.

Si jusqu'à présent on n'est pas parvenu à le démontrer, c'est qu'on s'est trompé sur la nature du problème à résoudre.

Comme on a vu qu'on ne pourrait ni empêcher les hommes d'être passionnés, ni calculer la foule des passions diverses que pourrait avoir chaque dépositaire du gouvernement, on en a conclu qu'une science dans laquelle la diversité des passions amenait sans cesse de nouvelles chances, ne

pourrait

pourrait jamais être admise au rang des sciences exactes.

Mais il ne s'agit ni d'empêcher les hommes d'être passionnés, ni de calculer le nombre et la diversité de toutes leurs passions possibles.

On ne peut pas non plus empêcher la foudre d'éclater, ni même calculer le nombre et la diversité de ses effets : seulement on est parvenu à élever des canaux dans lesquels elle circule sans endommager les édifices ; et c'était le seul résultat qu'il importait d'obtenir.

Il en est de même du gouvernement. Fait avec des hommes, on ne peut empêcher ni le nombre, ni la diversité de leurs passions ; mais on peut parvenir à creuser un lit dans lequel ces passions circuleront sans endommager la société.

Les passions de l'homme-pouvoir n'endommageront pas la société, quand les corps sociaux auront la force nécessaire pour les contenir. Les passions des hommes sociaux n'endommageront pas la société, quand l'homme - pouvoir aura la force nécessaire pour leur interdire l'initiative : et c'est là le seul résultat qu'il nous importe d'obtenir.

C'est là aussi le problème sur la nature duquel je crois avoir prouvé trois choses :

1.º Que c'étaient les lois divines elles-mêmes qui nous en avaient imposé la tâche ;

2.º Que les désordres des empires devaient être considérés comme la punition de ne l'avoir pas remplie ;

3.º Que pour arriver à la remplir nous pouvions procéder avec une rigoureuse exactitude.

Fait au désert de Fontainebleau.

FIN.

POST-SCRIPTUM.

En commençant cet ouvrage, j'ai dit que l'homme étant un être essentiellement intellectuel (1), il ne suffisait pas de régler ses actions par *les lois*, qu'il fallait encore diriger son esprit par *les institutions*.

Les institutions sont à l'intelligence ce que les lois sont aux actions. Il me faudrait donc maintenant traiter des institutions.

J'ai montré comment tous les peuples étaient réunis par le besoin des mêmes lois constitutives de leur gouvernement. Il me resterait à faire voir maintenant comment tous sont isolés par les institutions. Il me resterait à faire voir que c'est à elles qu'il faut attribuer la division des nations et la diversité de leurs mœurs.

Il en est des peuples comme des individus d'une même espèce; le mécanisme de la vie est semblable pour tous; mais *le tempérament* est particulier pour chacun.

____

(1) Liv. I, chap. VIII.

14 *

Afin donc que mon travail soit complet, je devrais dire quelles sont les institutions propres à former ce tempérament particulier des nations ; car le système des institutions diffère entièrement de celui des lois.

Celles-ci doivent être *subordonnées* à la nature des choses ; celles-là, au contraire, doivent souvent *lutter contre* la nature des choses.

Sous le climat brûlant de l'Italie, les anciens Romains étaient accoutumés à des marches qui ont cessé de nous étonner, mais que nous admirons toujours. Chargés de leurs armes, de leur bagage, même de fardeaux extraordinaires, on les habituait à sauter de larges fossés en ordre de bataille.

L'institution luttait contre la nature du climat.

Je devrais dire quelles sont les institutions propres tout à la fois à diriger l'esprit du gouvernement par rapport à ses sujets, et l'esprit des sujets par rapport au gouvernement.

Indépendamment des institutions générales propres à former les mœurs d'une nation, il en faut de particulières pour former les mœurs des professions sociales.

Ce sont bien des hommes qui composent le gouvernement ; mais il faut que les institutions en fassent des êtres supérieurs aux hommes.

Toutes ces lois que j'ai montrées nécessaires pour assurer le double caractère constitutif du gouvernement seraient sans force, si elles n'étaient accompagnées d'institutions propres à retracer à tous les yeux, à graver dans tous les esprits et dans tous les cœurs l'idée de l'importance et de la supériorité des hommes dépositaires de ce gouvernement.

Il peut arriver qu'une loi étant détruite, l'institution toute seule y supplée ; mais si on détruit l'institution, la loi périra bientôt, faute de son indispensable appui.

Quand un ministre qui pouvait être un très-bon chef de finances, mais qui n'était assurément pas un ministre d'état, portait la réforme sur le peu de pompe militaire qui environnait Louis XVI, et mettait dans le palais du monarque de la première nation du monde la parcimonie d'un banquier, dont le métier est d'économiser sur tout, il détruisait l'institution destinée à étaler aux yeux la majesté de l'homme-roi, et préparait, sans le vouloir, le renversement de la loi consstitutive de l'unité du pouvoir.

Quand les derniers rois de la troisième race, trouvant Versailles (monument fort ordinaire) déjà trop pompeux, firent bâtir le Grand Trianon, et, après le Grand Trianon, le Petit, enfin dans ce Petit Trianon une ferme et des chaumières, ils portaient atteinte aux institutions destinées à étaler aux yeux la majesté de l'homme - roi ; ils perdaient les mœurs de la profession royale et préparaient le renversement de la loi constitutive de l'unité du pouvoir.

Quand Marie-Antoinette, dont la terrible catastrophe interdit à ses contemporains tout souvenir pénible pour sa mémoire ; quand, cette reine infortunée, rejetant une étiquette dont elle ne voyait que la disgrâce et la monotonie, allait vêtue comme une simple femme, et adoptait les écarts d'une mode dont l'auteur était peut-être une vile courtisane, elle ne savait pas qu'elle attentait aux mœurs de la profession royale, et qu'elle préparait le renversement de la loi constitutive de l'unité du pouvoir.

Ce n'est point par une vaine ostentation qu'on a établi tant d'appareil autour de l'homme-pouvoir.

Il porte une couronne, il est assis sur un trône, on le salue d'un titre particulier, on ne l'aborde qu'avec les marques du plus profond respect : tout cela fait partie des institutions indispensables pour isoler dans tous les esprits l'importance de son unité. Il n'y a rien là de futile : évitez la confusion dans les noms, dans les signes, ou bientôt elle arrivera dans les choses.

Les rois sont les esclaves de la magnificence publique. Il est bon que le retentissement de leurs chaînes d'or les tienne sans cesse éveillés.

Ce n'est là toutefois que la plus foible tâche des institutions.

Il me faudrait traiter surtout, et de l'éducation de l'homme-pouvoir, et de l'éducation des membres des corps sociaux; car, généralement parlant, il n'y a que l'éducation des professions qui puisse former des hommes capables de les remplir.

Mais tout cela m'entraînerait plus loin que ne peut aller ma faiblesse; et, avant de donner les idées que j'ai jetées sur ces divers sujets, j'attendrai qu'éclairé par la critique sur celles que je publie, je puisse juger si je n'aurais pas mieux fait de garder entièrement le silence.

Que reste-t-il d'ailleurs à désirer de grand et de libéral, que le héros penseur qui préside aux destinées de la France n'exécute avec plus de rapidité qu'on ne peut en mettre à le concevoir?

Au milieu du tumulte des batailles, il médite avec tout le calme du sage dans la solitude; et du sein de ses paisibles conseils, il est plus terrible à ses ennemis que les grands capitaines à la tête de leurs légions.

Il est tout à la fois législateur et guerrier, politique et religieux.

D'une main il a relevé les débris dispersés de l'autel consolateur du Christ; de l'autre il a fondé l'autel national de l'honneur.

Déjà, et par les institutions, et par les lois, il a mis l'unité du pouvoir à l'abri de toutes les atteintes; il garantira de même la socialité.

Il a formé des guerriers nouveaux, il formera de nouveaux magistrats ; et les nations étonnées qu'un seul homme ait pu cumuler tant de gloire, viendront, du nord au midi, visiter les monumens que lui élèvent l'admiration et la reconnaissance.

TABLE

Des Livres et Chapitres contenus dans ce
volume.

LIVRE II.

Des besoins de la société et de la nature du gou-

vernement.

LIVRE III.

Comment les lois peuvent assurer les caractéres constitutifs du gouvernement.

LIVRE IV.

Application de la pratique à la théorie.

FIN DE LA TABLE.

9 782329 410265